海濡之地

北仑史迹陈列图录

中国港口博物馆 编著

宁波出版社

《海濡之地：北仑史迹陈列图录》
编委会

主 任

蔡建萍

副主任

周晓春 冯 毅

主 编

冯 毅

副主编

王昌海 陈卫立 毕显忠 刘玉婷

编 委

吴 凤 陈一鸣 李永歌 李朱佳

概述

北仑位于中国大陆海岸线中段，浙江省陆域最东端。区域三面环海，北、东、东南隔金塘水道、峙头洋、佛渡水道，与舟山市定海区、普陀区相邻；南隔象山港，与象山县相望；西南与宁波市鄞州区接壤；西北濒甬江，与宁波市镇海区相依。区域总面积823平方千米，其中陆域面积585平方千米，海域面积238平方千米。

七千年前，北仑区域除天台山余脉的太白山和灵峰山等露出海面外，其余尚是一片大海。"海退"后，陆地逐渐显露，在新石器时代，区域内已有先民居住。夏商时代，北仑区域属于越。春秋时，为越国所辖。秦王政二十五年（前222），秦置郡县。后梁开平三年（909），置望海镇为望海县，未几改定海县；同年，改鄮县为鄞县，北仑区域之大部分为鄞县地，唯崇邱乡（今小港地区）时属定海县。宋熙宁十年（1077），划鄞县东部之灵岩、泰邱、海晏三乡归定海县，北仑全区始属定海县。至清康熙二十六年（1687），定海县更名为镇海县。民国时期和新中国成立后，县属基本未变。1984年，划县域部分地区，新建宁波市滨海区。1985年，撤销镇海县，扩大滨海区，按甬江分界，甬江以南为宁波市滨海区，甬江以北为宁波市镇海区。1987年，滨海区更名为北仑区。现在的北仑区是宁波市六个市辖区之一，以优越的深水良港、五个国家级开发区、恢宏的临港工业及人文景观，屹立于东海之滨。

从历史上看，北仑虽然建制隶属多有变动，但其发展从未中断。四千多年的发展史，使这天工佳境闪耀出睿智的人文灵光。她有着层出不穷的风流人物和彪炳千秋的不朽业绩。出仕为官者有：唐光化年间乐仁规、乐仁厚兄弟出任兵部尚书、刑部尚书，立朝正直。南宋胡榘官至兵部尚书，知庆元府（治今宁波），拓郡城、修水利，编纂宝庆《四明志》，功载史乘。明代沃頵官居监察御史，清正廉明；谢泰宗官至兵科给事中，有多种著述留世。清代王荣商授翰林院庶吉士，晚年编纂民国《镇海县志》。文化方面有：南宋心学家沈焕，创立"定川学派"，为明州"淳熙四先生"之一。清代文学艺术家姚燮著述宏博，有"浙东杜甫"之称；经学家黄以周著《礼书通故》，该书堪称礼学中之"宏纲巨目"。民国时期，乐嗣炳是中国民俗学的奠基人，王鲁彦被鲁迅誉为"乡土文学作家"，张石川为中国电影拓荒者。新中国成立后，涌现出著名连环画家贺友直、油画家陈逸飞、版画家邵克萍、音乐家周大风、翻译家李俍民，以及被称为"留学生文学"鼻祖的作家於梨华，他们的创作已具有国际影响。科技精英、工商实业家有：中国近代植物学研究奠基人钟观光、中国提鲜品之父张逸云、中国电光源之父胡西园、"宁波帮"先驱李也亭、创办航运企业且使其百年不衰的航运巨子顾宗瑞等。北仑的土地上，还孕育了於崇文、李志坚、王阳元、吴祖泽、贺贤土、杨雄里和乐嘉陵7位中国科学院院士与中国工程院院士。中国历史上一批又一批杰出的政治家、军事家、科学家、文学家、艺术家、教育家、建筑家等荟萃于此，他们以自己的雄才大略、聪明智慧为中华民族的灿烂文明谱写了流光溢彩的新篇章。

北仑人民富有抵御外来侵略、为争取祖国独立富强而英勇献身的斗争精神。抗倭、抗英、抗法、抗日的英雄史绩辉煌壮烈。明代抗倭名将戚继光在此练兵，率戚家军英勇抗倭，屡败倭寇。郭巨、穿山等地也曾有抗倭激战，英雄事迹代有人传。鸦片战争中，狼山镇总兵谢朝恩血战金鸡山，为国捐躯。抗法战争中，浙江提督欧阳利见夜宿金鸡山，昼悬旗，夜悬灯，指挥若定，伤创孤拔，逼侵略者铩羽逃遁，威震欧洲。"七一七"抗日战役中，爱国将士在戚家山等阵地白刃格斗，浴血奋战，击退日军。革命斗争年代，灵山学校是北仑区域中国共产党组织和社会主义青年团组织最早宣传马克思主义思想的场所。公德小学、蔚斗小学等先后成为中共宁属特委领导机关所在地。在反帝反封建、抗日救国、建立新中国、新民主主义革命时期，先后有中共镇海独立支部代理书记、镇海妇女解放运动先驱胡焦琴，中共慈镇县工委委员李长来，被誉为"浙东刘胡兰"的李敏等98名北仑籍烈士为国捐躯。

几千年来，历史的车轮在民众与精英的共同推动下滚滚向前，他们创造物质财富和精神产品的同时，也为我们留下了宝贵的文化遗产。它们蕴含在文化传说、历史遗迹和可移动文物中,共同折射出北仑社会发展、历史嬗变的轨迹。在这里,我们可以寻觅到历史足迹的斑斑印痕,可以感受到历史巨浪一次次震撼人心的冲击,将这些记忆保护和传承下去是文物工作者的神圣职责。

1985年,镇海、北仑分区,北仑文物工作在一片空白的基础上起步。文物工作者怀着"工作基础是空白的,但北仑的历史是深厚的"信念,几十年如一日地工作着。1996年,北仑博物馆在陈美丽馆长的主持下建成开馆,成为宁波市第一座区(县)级综合博物馆,同时包括各级文物保护单位在内的北仑区文物保护体系初步建成。2005年,在第二任馆长刘林章的带领下,二层展馆改陈项目完成,北仑民俗文化展厅对外开放。同时积极参与寻找文明——宁波近现代文物史迹调查工作,北仑区文物工作日趋完善。在第三任馆长冯毅的主持下,2008~2012年,北仑区第三次全国文物普查圆满完成,登记不可移动文物348处,其中新发现不可移动文物310处。2013~2016年,北仑区第一次全国可移动文物普查顺利完成,登记文物5530件(套)。除此之外,先后开展了霞浦陈华汉墓群、姚墅六朝墓葬、古灵峰寺遗址、大碶璎珞五代窑址等考古调查和发掘工作,使北仑的历史脉络更加清晰,对北仑历史的研究也日益深入。

为了提升区域影响,丰富市民精神文化生活,打造港口文化展示平台,2008年9月,在中共北仑区委、区政府高瞻远瞩的决策下,启动筹建宁波中国港口博物馆暨国家水下文化遗产保护宁波基地(以下简称港口博物馆),同时明确原北仑博物馆与港口博物馆两块牌子、一套班子管理运营。以此为契机,在新馆的建设中规划了展示北仑历史的展厅,着手策划"海濡之地:北仑史迹陈列"。

此展览的陈列大纲是在原北仑博物馆基本陈列大纲的基础上,结合最新的考古、地方史研究成果和北仑社会经济发展情况,进行再创作而完成的。在编写过程中,我们始终坚持"北仑历史就是不同时期的北仑人博纳兼容、开拓进取的历史"的策展理念,突出表现北仑人善于学习、敢于冒险的精神。在陈列文本的体例上,我们既强调通史展览的时间性,又兼顾北仑历史发展的自身特点。总体按照时间顺序来阐述,但在具体设计上,只截取最能体现那一时期北仑发展特色的亮点,使观众在整体了解北仑历史发展脉络的同时,能更清晰地感知北仑历史发展的阶段性特点。在古代部分，我们着重强调北仑先民在沿海开拓中从立足到壮大发展的进程，又旁及当时的经济和文化。近代部分着重强调北仑人民外御强敌、内抗暴政的斗争精神和走出北仑、开拓新天地的冒险精神，主要内容为"四抗"战事和近代北仑籍"宁波帮"人物介绍。为了强调相关内容的专题特色，明代抗倭内容也被调整至这一部分。在陈列文本的内容编写过程中，我们紧紧围绕各个历史阶段出现在北仑的具有断代性、标志性、里程碑意义的重要史实、典型事件、重要人物，从中筛选出确有必要的、适合展览的相关素材作为展陈内容。在展品使用上，为了使550平方米的展厅空间得到有效利用，向观众提供尽可能多的信息，我们设计了主、副双线。主线突出历史本身，以知识传播为主。在主展线内容缺乏实物展项的情况下设置副线，以同时期与主展项内容不相冲突的文物为补充，旨在利用历史文物信息表现同时期的社会背景。这也是北仑、镇海两区分设时，仅有少量文物划拨至北仑区的客观情况所致。

经过六年的艰辛筹建，2014年10月16日，宁波中国港口博物馆暨国家水下文化遗产保护宁波基地正式建成，"海濡之地：北仑史迹陈列"成为新馆六个固定陈列中的重要组成部分，向市民免费开放。在新的展览中，我们力争用生动的陈列语言、丰富的展品资料来展示北仑的地域特色和历史，勾勒出海濡之地的独特风貌。这个展览既是对北仑历史的精心解读，也是对北仑建区以来文物工作成果的全面展示。在此，我们向一直以来关心和支持北仑文物工作的各级领导、专家学者和社会人士，以及曾经帮助过北仑文物工作的各级部门和有关单位表示衷心的感谢！向多年来默默无闻、兢兢业业、甘于奉献的北仑文物工作者表示崇高的敬意！我们希望这个展览能够受到广泛的认可和欢迎，这也是对支持和参与北仑文物工作的每一个人的最大赞许。

这是一片海濡之地，文物记载了沧海桑田。这是一片开放热土，我们见证着日新月异！

目　录

概　述 ·· 001

展览前言 ·· 001

第一章　文明曙光（远古社会—周） ·· 003

第二章　聚族经济（周—晋） ·· 009
　　第一单元　人口繁衍聚族居 ·· 010
　　第二单元　博纳兼容异学传 ·· 021

第三章　滨海开发（南朝—清末） ·· 027
　　第一单元　去害收利兴水利 ·· 028
　　第二单元　历心山海渔盐窑 ·· 038
　　第三单元　多元并茂文化兴 ·· 047

第四章　战事追忆 ·· 075
　　第一单元　明清时抗御外侮 ·· 076
　　第二单元　抗战时英勇战史 ·· 086
　　第三单元　解放战争光荣史 ·· 091

第五章　海濡名士 093

百年望族——小港李家 094

民国航运业巨头——顾宗瑞与泰昌祥轮船公司 096

中国照明电器工业的鼻祖——胡西园与中国亚浦耳灯泡厂 098

中国的提鲜品之父——张逸云与天厨味精厂 099

爱国民主实业家——黄延芳 100

中国民族电影的拓荒者——张石川与明星影片公司 101

名士集锦 102

结尾语 109

附　录 110

浙江宁波北仑灵峰禅寺旧址考古调查简报 111

浙江宁波北仑大碶璎珞东汉墓葬与五代窑址发掘简报 120

宁波北仑小港姚墅东吴、唐代纪年墓葬 133

穿山疏港高速公路建设工程抢救性考古勘探与发掘通报 137

北仑海碶及其人文影响 140

后　记 150

北仑，这颗东海明珠，日益被世人瞩目！

追溯历史，五千年前，先民们已在这里驻足生存，饭稻羹鱼，开始谱写北仑人类历史的篇章；周汉时期，人们网罟而渔，冶陶制瓷，繁衍人口，聚族而居；唐宋以来，涉足滨海开发，兴修水利，煮海为盐，多元并茂，文化繁荣；抗倭、抗英、抗法、抗日、解放战争时期，抵御外侮，树立反侵略、反压迫斗争丰碑。一方水土养一方人，近代北仑孕育了一大批以"宁波帮"为代表的"海濡名士"；二十世纪八十年代开始，外向型现代化港口城区崛起，更显勃勃生机。

纵观北仑历史发展线，北仑精神贯穿始终：开拓冒险，博纳兼容；海濡之地，生生不息！

第一章 文明曙光

（远古社会—周）

距今 5000~6000 年前，河姆渡文化后续发展期的先民开始由山地丘陵向滨海平原拓展，几经辗转来到北仑地区。北仑地区新石器时代遗址出土的器物表明，当时的河姆渡文化已与浙北的良渚文化相互交融，进入融合发展期。

沙窝遗址在于北名镇柏沙窝村石崂山脚下，面积7000余平方米，文化层厚度2.4米，经C-14测定，距今4500~6000年。

▲ 1994年沙窝遗址考古挖掘现场

北名地区新石器时代文化分布图

▲ 新石器时代泥质灰陶豆（沙溪遗址出土）

▲ 新石器时代泥质灰陶圈足盘（沙溪遗址出土）

▲ 新石器时代双孔石刀（沙溪遗址出土）

▲ 新石器时代石纺轮（沙溪遗址出土）

▲ 新石器时代石锛（沙溪遗址出土）

横山遗址位于北仑小港棉花村横山下，1980 年 4 月出土新石器时代破土器和新石器时代石镞等遗物。

▲ 新石器时代破土器（横山遗址出土）

▲ 新石器时代石镞（横山遗址出土）

大榭遗址位于北仑大榭街道下厂村，面积约20000平方米，一、二期考古发掘表明，地层堆积自地表以下厚1~2.8米，文化层时代由早到晚分别为史前、东周和宋元时期。

◀ 新石器时代陶器一组（大榭遗址一期出土）

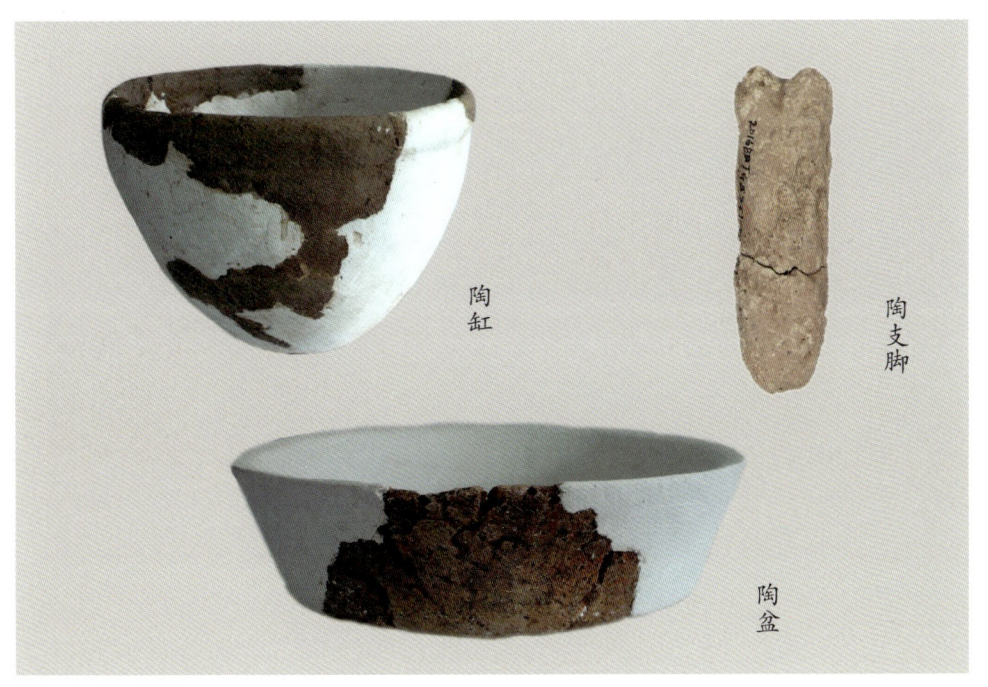

◀ 新石器时代制盐陶器一组（大榭遗址二期出土）

▲ 大桥遗址二期瓮棺葬再体本发现

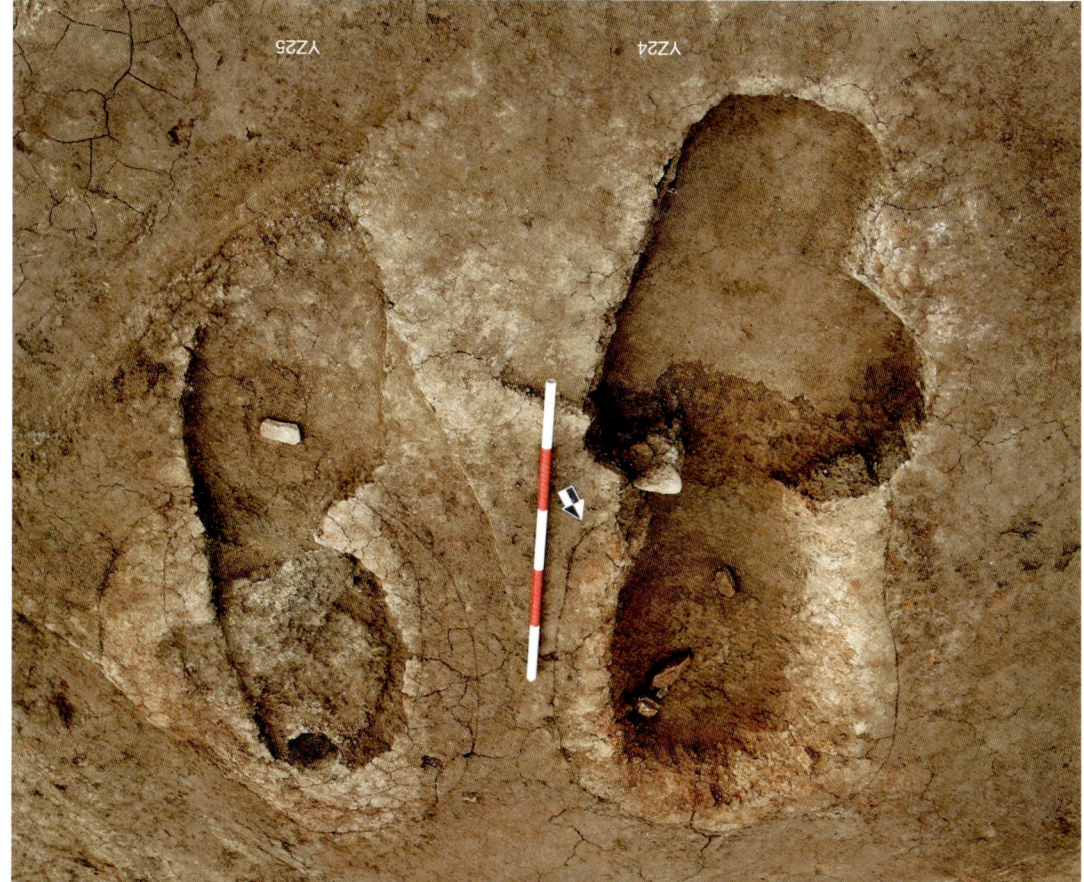

第二章 聚族经济

（周—晋）

北仑在春秋战国时属越国，秦汉时为鄞县一隅，晋时处句章县东部。经过近千年的开发，当地的农耕、渔猎经济获得一定的发展。农业、手工业的进步，促进聚族而居村落的形成和文化的初步繁荣。

第一单元

人口繁衍聚族居

这一时期南北交流加剧,中原地区的先进生产技术大量传入,很快被善于学习、吸纳的当地人所掌握。当地生产力迅速提高,人口大量增加,从而促进聚族而居村落的形成。

▲ 西周原始瓷豆

▲ 战国原始瓷碗

▲ 战国原始瓷耳杯

原始瓷器在制陶技术的基础上发展而来,由含铁量2%左右的黏土成型,经过人工施釉,用1200℃左右的高温烧成青釉制品。

▲ 战国青铜块

▲ 战国印麻布纹硬陶罐

印纹硬陶：中国青铜时代至汉代，长江中下游和东南沿海地区生产的一种质地坚硬、表面拍印几何图案的日用陶器。质地比一般陶器细腻。原料含铁量较高，烧成温度也比一般陶器高，颜色多呈紫褐、红褐、黄褐、灰褐或青灰色。

▲ 战国印麻布纹硬陶罐

▲ 春秋印米字纹灰陶罐

▲ 春秋印麻布纹红陶罐

陈华墓葬群属汉代墓葬，位于北仑区霞浦街道陈华村。面积达数千平方米，土坑墓、砖室墓兼有，分布在陈华村沿北仑铁路一带山脚下。先后进行四次抢救性清理发掘，共发掘古墓21座，其中西汉墓2座，东汉墓19座。

▲ 东汉青釉陶狗

◀ 东汉红陶鸡舍

▲ 西汉黛板研磨石

第一章 聚族经济（周—晋）

▲ 西汉弦纹原始瓷双系盘口壶

▲ 西汉弦纹原始瓷盒

▲ 西汉青玉环

▲ 西汉水波纹原始瓷瓿

第二章 聚族经济（周—晋）

▲ 东汉弦纹原始瓷双系盘口壶

▲ 东汉水波纹原始瓷双系壶

▲ 东汉原始瓷五管瓶

2008年，北仑小港姚墅村考古发掘三国东吴长方形券顶砖室墓1座，为三国永安七年杨长德墓。墓壁单砖错缝平砌，用砖规格有长方形、刀形和楔形三种，砖上饰钱纹、鱼纹、交叉纹、兽面纹、方格纹等花纹，另发现"永安七年杨长德"纪年铭文砖一块。

▲ 姚墅考古勘探现场

▲ 三国"永安七年杨长德"纪年铭文砖

▲ 三国越窑青瓷耳杯

▲ 西汉四乳四虺纹铜镜

铜镜是古代人们梳妆、照容的必备工具。它制作精良、形态美观、图纹华丽、铭文丰富，是中国古代文化遗产的瑰宝之一。

▲ 东汉四乳四神纹铜镜

▲ 汉琉璃珠

琉璃制品为舶来品,是北仑汉代先民与海外进行贸易活动的证明。

▲ 汉琉璃耳铛

第二单元

博纳兼容异学传

秦汉、两晋以来,北人大量南迁,中原地区先进的文化随之而至。北仑开放兼容的文化主体个性,使中原文化迅速被当地人接受并广泛传播。这也促成了古代北仑文化由古越文化向华夏同构文化的转型。

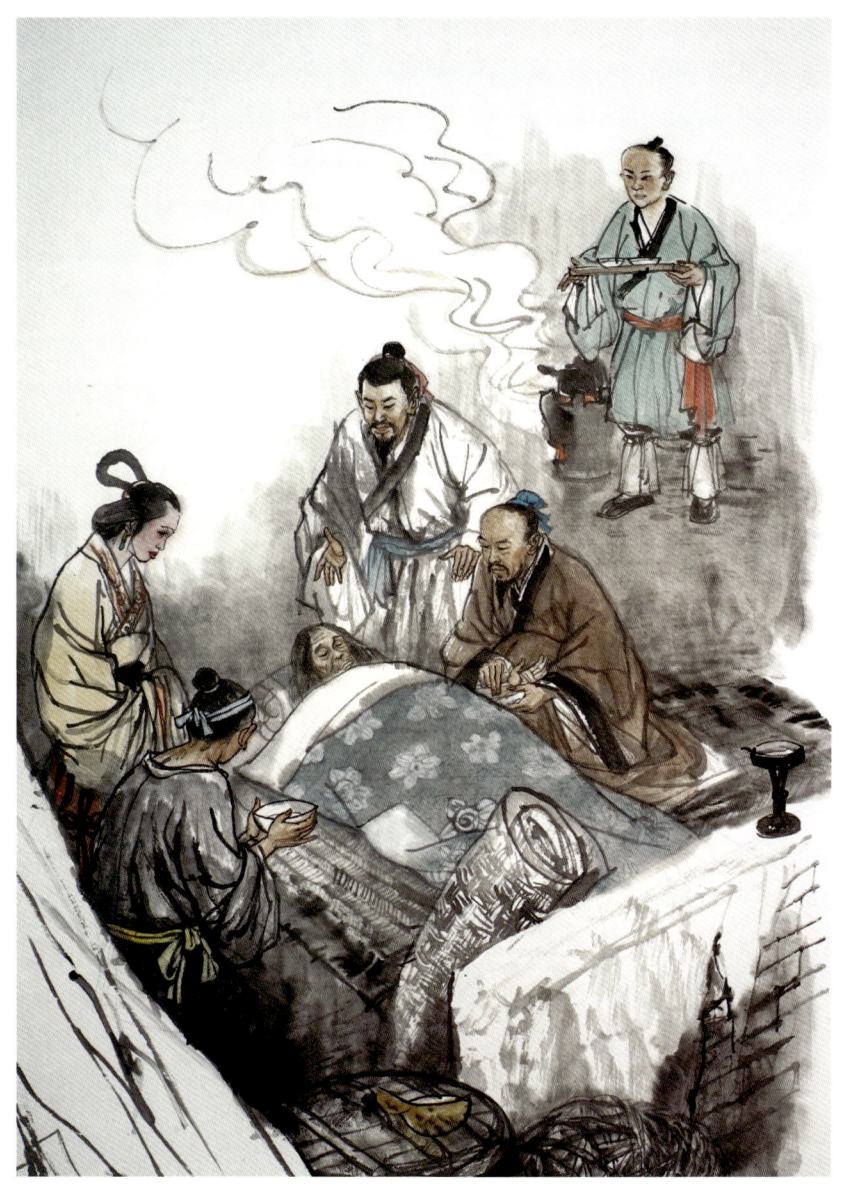

▲ 葛洪行医救人场景

葛洪(284～364或343),丹阳郡句容(今江苏省句容市)人,东晋道教理论家、医药学家、炼丹家。字稚川,自号抱朴子。著有《抱朴子内篇》《抱朴子外篇》《肘后备急方》《神仙传》等。葛洪是一位道教理论的集大成者,促使灵峰寺成为佛道融合的佛国道场。

第一章 聚族经济(周—晋)

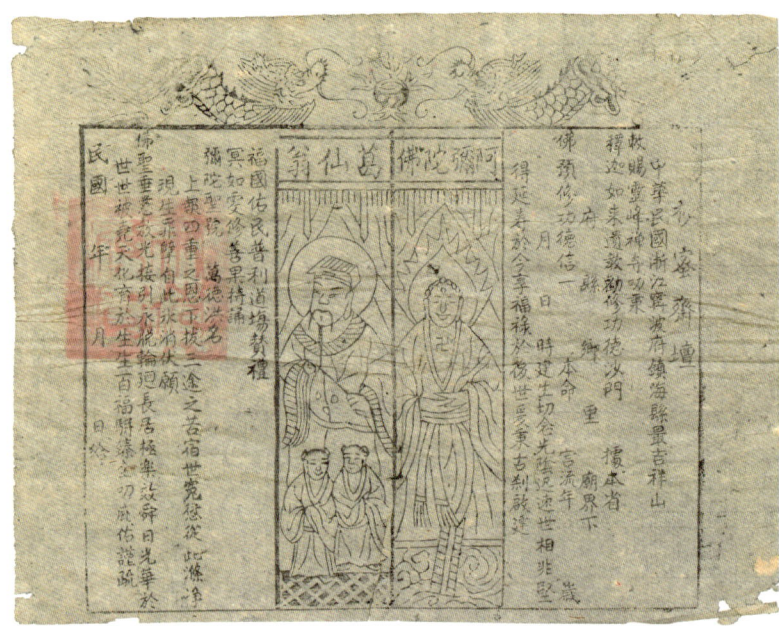

▲ 民国灵峰寺戒牒

西晋太康三年（282），僧人慧达至会稽鄮山乌石岙，求得舍利宝塔，于当地结庐守护，这是佛教传入北仑的较早记录。佛教文化传入北仑后，与北仑原有的古越神巫文化相结合，迅速占领儒家文化有限传入而预留的真空。

▲ 慧达法师画像

涌见岩位于北仑大碶街道嘉溪村乌石岙内，涌见岩碑嵌于碑亭后壁，碑高1.6米，宽0.63米，上书"涌见岩"三字，下端为住持宗亮跋。涌见岩上筑有瑞应亭一座。

▲ 瑞应亭

▲ 西晋越窑青釉瓷灶

▲ 西晋越窑青釉瓷簋

▲ 西晋越窑青釉瓷虎子

▲ 东晋太兴三年墓砖铭文

第二章 滨海开发

（南朝—清末）

南朝宋时，北仑浃江口开始屯兵驻扎，拉开了古代北仑滨海开发的序幕。唐宋以来，随着经济重心南移和中原人口大量迁入，北仑沿海日益成陆的海涂以其宝贵的土地资源和物产吸引着先民们的目光，人们开始演绎拓地开疆、千年探索的勇敢历史。

第一单元

去害收利兴水利

水利为农业命脉。北仑地处河海相连之地,欲兴农业,先兴水利,"欲收水之利,必先去水之害"。北仑在水利治理上既要治河又要防海。古代北仑大规模兴修水利始于北宋,此后历代相承。

▲ 王安石督造穿山碶造福于民

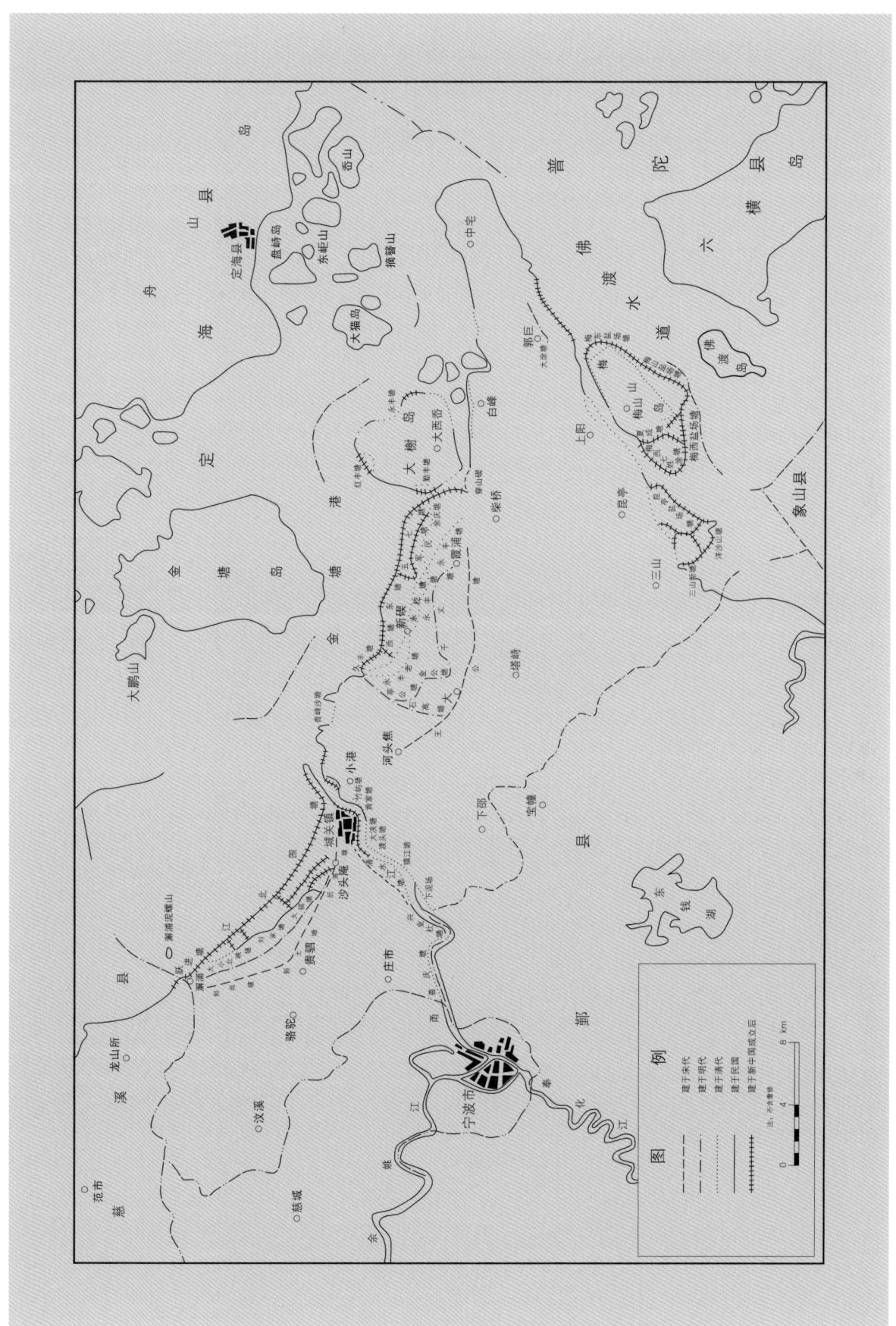

宋代以来北仑区域历代海塘示意图

（采自《镇海县志》编纂委员会编，《镇海县志》，中国大百科全书出版社上海分社，1994年，第444页。）

第二章 滨海开发（南朝—清末）

清集福庵记石碑

▲ 南朝瓷碗

▲ 南朝青瓷盅

▲ 隋越窑青釉双复系盘口瓷壶

▲ 唐越窑青釉瓷灯

第二章 滨海开发（南朝—清末）

▲ 唐越窑青釉四系瓷壶

▲ 唐越窑青釉瓷唾盂

第二章 滨海开发（南朝—清末）

▲ 唐越窑青釉玉璧底碗

▲ 唐越窑青釉双系瓷罐

▲ 北宋景德镇窑影青瓷高足碗

北仑古代碶桥一览表

名称	地点	年代	备注
东岗碶	小港街道东岗碶村	始建于明嘉靖三十五年（1556），清康熙二年（1663）重建	小浃江碶闸群之一，现为浙江省省级文物保护单位
燕山碶	小港街道长山村	始建于清嘉庆十二年（1807），次年三月竣工	小浃江碶闸群之一
义成碶	戚家山街道蔚斗社区龙头山东麓	始建于清嘉庆二十年（1815），嘉庆二十二年（1817）建成	小浃江碶闸群之一
长山桥	小港街道方前村长山桥自然村	始建于明洪武年间，现存的三孔石拱桥建于清康熙九年（1670）	桥东堍路亭边上有明万历三十年（1602）修桥碑一方
金银渡桥	小港街道桥头严村横里自然村	建于清道光三十年（1850）	桥西堍有路亭一座，墙壁上嵌有道光三十年助银碑四通
朱家渡桥	小港街道姚张村姚家斗自然村	现存石桥为清光绪二十四年（1898）重建	俗称"五眼桥"
安乐桥	小港街道下邵村与合兴村直下河自然村交界处	始建于清道光二十九年（1849），原为东陵渡	俗称"七眼桥"
鄞镇江桥	小港街道江桥头村江桥头自然村	原为五孔石板桥，民国二十二年（1933）改建为六墩五孔钢砼结构拱桥	仿欧式，因地处原鄞县和镇海县交界处，故名
拦瑞桥	春晓街道昆亭村桂池自然村	始建于明正德年间，清光绪三十年（1904）重修	因南北走向横跨瑞水溪两岸而得名
算山碶	新碶街道算山村	始建于乾隆年间，年久失修，1956年重建	乾隆《镇海县志》称为算山浦碶
东碶	新碶街道新碶街	始建于清雍正年间，1976年2月拆除老碶，改建新碶	清光绪九年（1883）七月毁于台风，后重建，光绪十二年（1886）冬倒坏，又重修
穿山碶	柴桥街道穿山村	始建于北宋庆历七年（1047），称穿山老碶；清乾隆三十一年（1766）建穿山旱碶于老碶左；后旱碶因涂涨过半，于清光绪六年（1880）移址山麓，名曰新碶	新中国成立后，原碶两座，1953年拆除老碶，建新碶，提高抗旱能力，1966年和1972年又两次改动
青龙碶	春晓街道三山村	新中国成立初期曾修理加固，具体建成时间不明	
东门碶	柴桥街道后所村	新中国成立前修建，具体建成时间不明	

◀ 长山桥

◀ 金银渡桥

▲ 东岗碶

▶ 清任颐小浃江话别图
（原件藏于故宫博物院）

第二章　滨海开发（南朝—清末）

第二单元

历心山海渔盐窑

"靠山吃山，靠海吃海"——这是人类索取生产物质、生活资料的基本经验。滨海岸山的地理条件，使北仑的经济发展深深地打上了海洋的印记，而手工烧窑业的成熟也反映了当时社会生产力的发展。

汉时，区域内已有烧窑业，出土汉墓中有罐、壶、瓶、杯等陶制器皿，墓葬均以青砖砌造。在大碶璎珞村考古发现的一系列北宋窑址，出土的文物均为当地百姓建筑所需的砖、瓦片，这反映了当时自给自足、自烧自用的手工制窑情况。

▲ 五代葵口碟

▲ 北宋青釉多角罐

▲ 北宋越窑青瓷堆塑瓶

2013年，北仑大碶街道璎珞村考古发现五代窑址3座，类型为圆形馒头窑，主要烧制砖、瓦片。其中，编号为Y1的窑址保存较为完整。

▲ 五代璎珞窑址发掘照片

▲ 璎珞窑址出土的砖

▲ 璎珞窑址出土的瓦

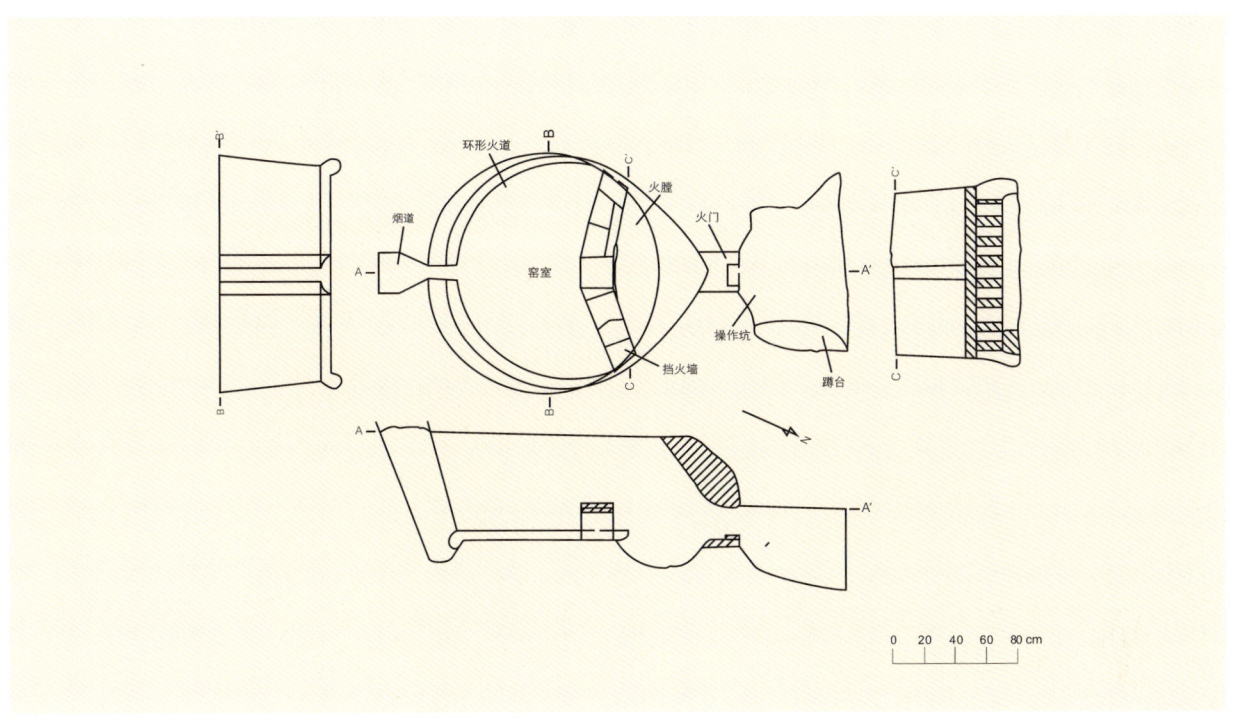

▲ 五代璎珞窑址 Y1 平、剖线描图

▲ 五代璎珞窑址 Y1 各部细照

在传统社会，盐业是支撑中央集权统治的重要产业之一。南宋时期，盐课收入即占全国财政收入的一半。明清时期，朝廷为满足军国之需，对天下盐业控制得更为严密。北仑沿海，自唐至清，大量新垦地田首先作为盐田制盐，而海盐生产居当时四大类盐产（另三种：湖盐、井盐、矿盐）之首，最为朝廷所重视。

▲ 北宋青瓷权

▲ 元"至正二十二年造""籍伍"铜权

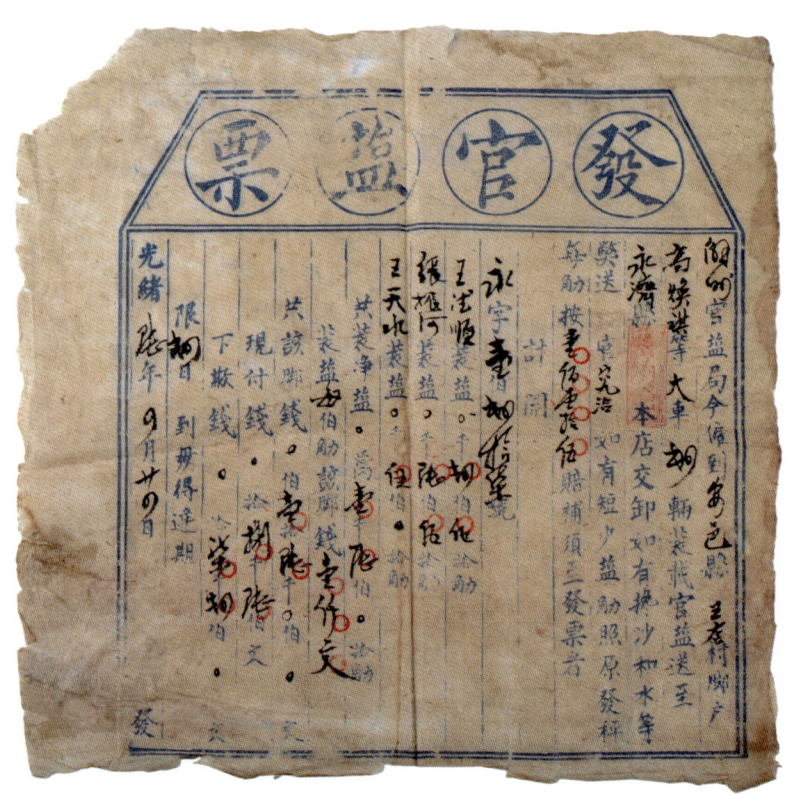

◀ 清发官盐票

▲ 元"至元十六年造"铜权

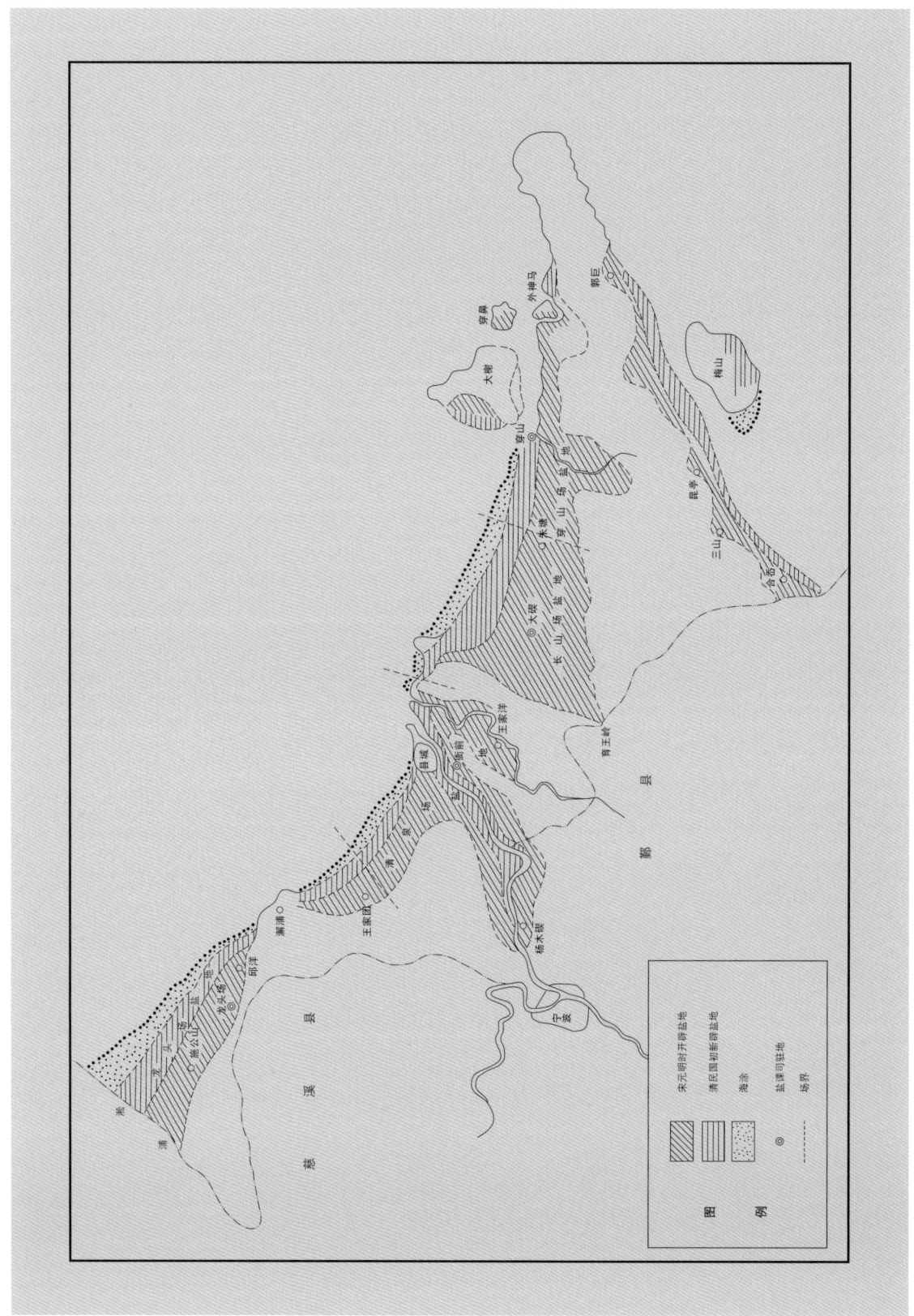

1949年以前镇海、北仑区域盐场分布图

（采自《镇海县志》编纂委员会编，《镇海县志》，中国大百科全书出版社上海分社，1994年，第422页。）

新石器时代晚期,北仑先民开始以渔猎为生,但活动范围仅限于近水岸边。宋时人口增加,地窄民稠,生计艰难,先民们以勇于开拓的精神,将求生的领域扩展向海洋深处,时称"利近东海,民资渔罟出没,衣食之源,过于农耕"。明清至近代拓海活动更具规模。

北仑近海渔业资源表

渔场	渔港（新中国成立前）	鱼类		甲壳类	贝类
		淡水鱼类	海水鱼类		
灰鳖洋渔场 崎头洋渔场	澥浦渔港 镇海渔港 新碶（含备碶）渔港 穿山渔港	鲤鱼 青鱼 草鱼 鲢鱼 鳙鱼 鳊鱼 鲫鱼 鲌鱼 玉秃鱼 溪鱼 鳢鱼 塘鳢 鳜鱼 黄颡鱼 鲶鱼 鳗 鳝鱼 泥鳅	大黄鱼 带鱼 鲳鱼 鲵鱼 毛鲿 鲨鱼 鲕鱼 竹箕鱼 雄鱼 舌鳎 鲈鱼 鲻鱼 刀鱼 鲚鱼 梅鱼 龙头鱼 河豚 海鳗 石鳗 涂鳗 弹涂鱼 泥鱼 烂稻索 章鱼 望潮 附：海蜇	中华绒螯蟹 溪蟹 青蟹 彭越蟹 招潮蟹 沙蟹 白蟹 梭子蟹 黄虾 跳虾 江虾 白虾 对虾 麦秆虾 河虾 溪虾 鲎	河蚌 珠蚌 蚬 蛤 田螺 螺蛳 蛏子 蚶子 圆蛤 黄蛤 梅蛤 泥螺 香螺 微黄玉螺

浙江"绿眉毛"船,属中国古代传统木帆船"浙船",尖头平艄,船头高翘,宽腰肚,椭圆底,艄两舷左右外向,像倒挂的"八"字,如鸟翅展飞,艄两侧钉一对黑白相间的"鸟目",寓意鹚鸟,"鸟目"上方各有一条绿色眉毛,因此得名。"绿眉毛"船起源于宋代,盛行于元明,沿用至20世纪,船速高、抗风浪性好,数量大、分布广,多集中在浙东一带,主要航线为浙东沿海,也能远航山东、台湾,甚至远达日本、南洋,曾作为郑和下西洋船队的主要船型之一出航。"绿眉毛"船作为古代和近代浙江海上运输与渔业捕捞的主要船型,已从一般性生产劳动的工具,上升为中华民族千年传承的优秀海洋文化的象征,弘扬着开拓进取的航海精神。

▲ 近代"绿眉毛"船模

第三单元

多元并茂文化兴

北仑拥有多处自然港湾，历来是外来文化的登陆点。唐宋以来北仑经济发展，对外交往频繁，加之北仑人勇于学习、善于吸纳，促成这一时期文化上多元并茂的景象。

唐代开始，北仑寺院林立，佛教文化繁荣，对外交往频繁，佛教文化交流成为当时乃至后世中日文化交流的重要内容之一。

唐代北仑主要寺院一览表

寺名	原寺名	建造年代	寺址	备注
香山教寺	大中香山	天宝中（742~756）	横溪	天宝中结庵，广德初建寺，今圮
灵岩禅院	佛国道场	元和、长庆间（806~824）	大瓶壶山	北宋治平元年（1064）改灵峰寺，后毁，今已修复
觉海禅寺	清海	会昌二年（842）	江南衙前	旧址今建工厂
观音讲寺	大中观音观	大中六年（852）	汶溪秦家岙	今圮
总持讲寺	护境	咸通初（860~865）	城内	光绪二年（1876）毁于火，后改建中学堂
泗洲教寺	铁佛	咸通二年（861）	小港剡岙	今存残壁
伏龙禅寺	伏龙	咸通三年（862）	伏龙山	今属慈溪
华岩禅寺	云岩	广明元年（880）	塔峙东岙	今无存
真修讲寺	报恩	大顺二年（891）	白峰门浦	民国初圮
兴善教寺	保安	大顺二年（891）	泰邱	今无存
资圣讲寺	资福	大顺二年（891）	泰邱	清废圮
瑞岩禅寺	开善	景福二年（893）	紫石	今异地重建
净居禅寺	龙明	乾宁元年（894）	小港	今无存
明慧禅寺	保安	乾宁三年（896）	白峰山防	清改为庵，已圮
佛岩禅寺	启霞	天复初（901~903）	塔峙	今无存

▲ 阿育王寺

阿育王寺，其历史可追溯至西晋太康三年（282）。南朝宋元嘉二年（425）、元嘉十二年（435）两次增创殿宇，寺之规模由此奠定。南朝梁普通三年（522），梁武帝赐"阿育王寺"额，寺之名称是时确立。南宋嘉熙元年（1237），宋理宗将其列为"天下五山之第二"。明洪武十五年（1382），阿育王寺被诏定为"天下禅宗五山之第五"。

▲ 唐越窑青釉瓷钵

天宝二年（743），鉴真出发东渡日本，遇风浪沉船，漂泊到明州（今浙江宁波）定海。获救后，鉴真和随行的两位日本学问僧荣睿、普照被转送至明州阿育王寺安顿。附近寺院纷纷前来请鉴真去本院传经讲法，这极大地推动了明州佛教的发展。荣睿和普照是阿育王寺第一次接待的日本僧人。鉴真东渡所携带物品的清单中亦有"阿育王塔样金铜塔一区"，加之荣睿、普照回国后积极宣讲，奠定了中世纪日本舍利信仰和育王山信仰的基础，引发了日本僧人来明州求法的热潮。

▲ 鉴真在阿育王寺

▲ 瑞岩禅寺

始建于唐代的瑞岩禅寺，在宋元时代是日本学问僧进行文化交流的主要场所，在日本享有一定的名望。

▶ 清瑞岩寺圣旨碑

▲ 清雍正十三年灵峰寺残碑

▲ 灵峰寺

灵峰寺原名"保安禅院",始建于五代后周广顺元年(951),北宋治平元年改称现名。

第二章 滨海开发（南朝—清末）

▲ 五代青瓷莲花粉盒

▲ 北宋越窑青瓷刻莲花纹粉盒

▲ 北宋景德镇窑影青瓷枕

第二章 滨海开发（南朝—清末）

▲ 北宋龙泉窑青釉刻花洗

▲ 南宋龙泉窑青釉束口瓷盏

◀ 宋供养人像

第二章 滨海开发（南朝—清末）

北仑作为宁波的重要组成部分，其与华夏文化同构的区域文化成形于宋，彰显于明清。在漫长的发展过程中，北仑出现过很多学贯古今的博学鸿儒，他们对北仑文化的传承和发展做出了巨大贡献。

沈焕(1139～1191)，字叔晦，世居崇邱乡沈家山下（今属北仑区小港街道），为南宋理学派重要人物之一。时称袁燮、杨简、舒璘与沈焕为"淳熙四先生"，誉沈为"浙东之梁木"，是浙东学派形成期的重要代表。南宋理宗即位，追赠其为朝奉大夫，直文华阁，谥端宪。著有《定川集》。

▲ 沈焕画像

▲ 清紫檀书箱

▲ 黄式三画像

黄式三(1789~1862),字薇香,号儆居,定海厅紫微乡(今舟山市定海区)人。他晚年卜居北仑柴桥,是清代后期浙东学派的殿军人物。他倡导的"实事求是,莫作调人"的学风,对晚清和民国学人产生了深刻影响。著有《论语后案》《诗丛说》《诗序说通》《春秋释》《周季编略》《儆居集经说》《史说》《尚书启幪》及《黄氏塾课》等共110卷。

▲ 黄式三旧居——三代经师堂

第二章 滨海开发(南朝—清末)

▲ 姚燮画像

姚燮（1805~1864），字梅伯，晚号复庄，又号野桥，别署大某（楳）山民、大梅山民、疏影词史、复翁、老复、二石生等，崇邱乡人。清代文学家、画家、戏曲研究家。《清史列传·文苑传》赞其"所为诗乃愈苍凉抑塞，逼近少陵；骈体文亦沉博绝丽……尤工倚声……"，其诗文、书画"流落半天下"。

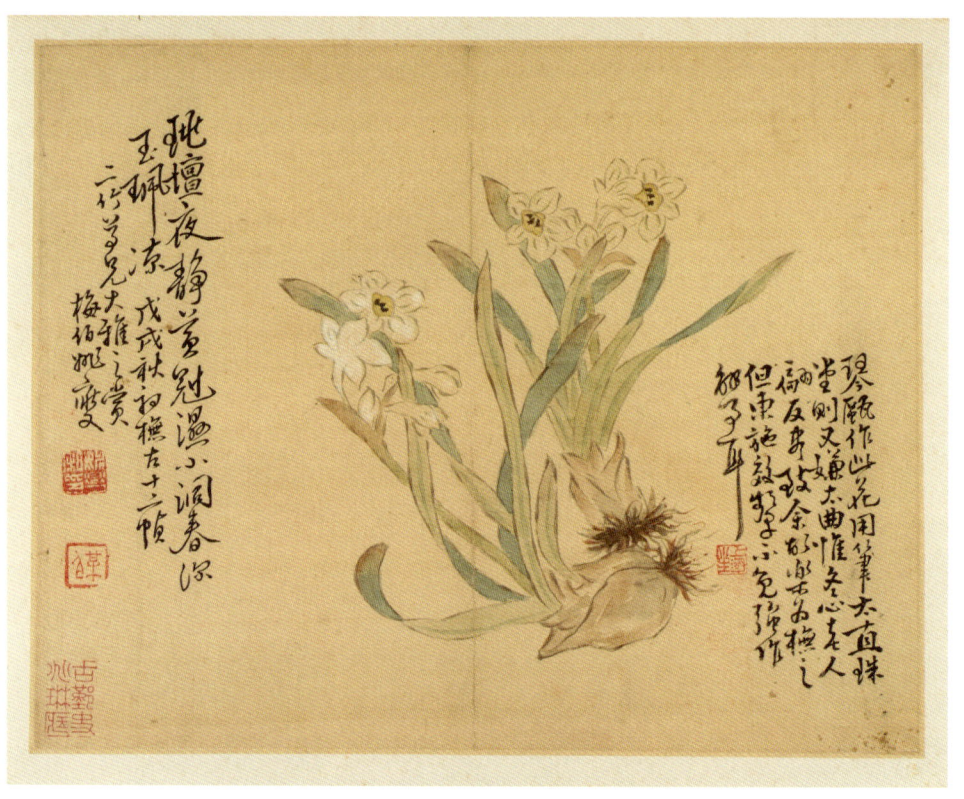

▲ 清姚燮设色花卉图册（选页）

第二章 滨海开发（南朝—清末）

清姚燮仕女图

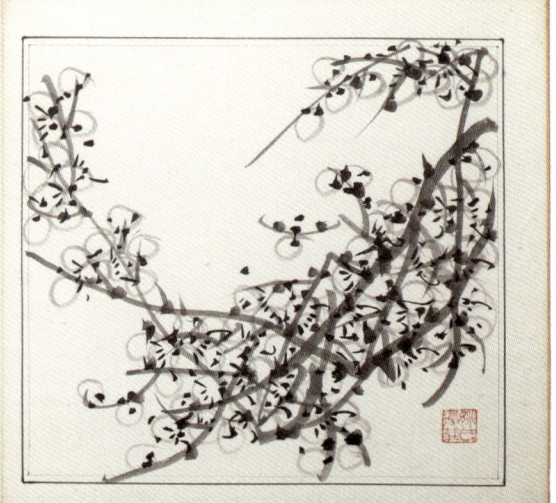

▲ 清姚燮梅花诗意图册（选页）

姚燮著述总目

目录	备注
《胡氏禹贡锥指勘补》十二卷	北京师范大学图书馆藏稿抄本，2011年国家图书馆出版社影印出版
《汉书日札》四卷	据《蔡鸿鉴序》《镇海县志》
《息游园杂纂》八卷	据《蔡鸿鉴序》《镇海县志》。息游园为姚燮在咸丰三年（1853）后的寓居之所，此书当在此后。息游园在东岗碶顾家
《蚶城唱和诗》	据《蔡鸿鉴序》《镇海县志》
《复庄诗问》三十四卷	道光二十六年（1846）刻本
《复庄骈俪文榷》八卷、《复庄骈俪文榷二编》八卷	咸丰四年（1854）、咸丰六年（1856）大梅山馆刻本
《画梅心语》一卷	咸丰年间刻本
《红犀馆诗课》十集	同治四年（1865）刻本
《玉枢经龠》二十四卷	道光二十五年（1845）刻本
《皇朝骈文类苑》十四卷	光绪九年（1883）花雨楼刻本
《国朝骈体正宗评语》十二卷，补编一卷	光绪十年（1884）花雨楼刻朱墨套印本
《十洲春语》三卷	光绪三年（1877）排印本
《夏小正求是》四卷	民国二十九年（1940）张寿镛《四明丛书》第七集刻本
《蛟川诗系》三十一卷	民国二年（1913）铅印本
《姚梅伯题任渭长人物》十二幅	民国八年（1919）商务印书馆影印本
《今乐考证》十二卷	民国二十五年（1936）北京大学据手稿影印本
《读红楼梦纲领》	民国二十七年（1938）连载于《远东日报》，未终卷而中缀
《疏影楼词》五卷和《续疏影楼词》八卷	1986年浙江古籍出版社标点本合刊
《四明它山图经》十二卷	据《蔡鸿鉴序》《镇海县志》，稿本
《洋烟考述》八卷	据《蔡鸿鉴序》《镇海县志》，稿本
《西沪棹歌》一卷	民国《象山县志》所刊共一百二十首
《苦海航》一卷	光绪二十五年（1899）著易堂铅印本
《梅心雪传奇》，不分卷	1954年朱氏别宥斋油印本
《琼贻副墨》四十六卷	稿本藏中国国家图书馆
《玉笛楼词》一卷	稿本藏中国国家图书馆
《散体文酌》十二卷	据《蔡鸿鉴序》《镇海县志》，稿本
《退红衫传奇》八卷	据《蔡鸿鉴序》
《狙史》八卷	据《蔡鸿鉴序》《镇海县志》，稿本
《琴谱雅音九奏》一卷	据《蔡鸿鉴序》《镇海县志》，稿本
《增评补图石头记》一百二十卷	光绪年间上海广百宋斋铅印本

刘慈孚（1844～1903），一名德崇，号午亭，又号云闲子。世居昆亭，诗人。人誉其诗为"超尘之外，得林家之趣，吐词多雅，为蛟川后起之隽"。著有《云闲诗草》四卷、《耆旧诗拾遗》数卷。清光绪六年（1880），与虞琴合编《四明人鉴》。

▲ 清刘慈孚花鸟画册（选页）

◀ 刘慈孚故居

▲ 清玉笔架

▲ 清砚台

第二章 滨海开发（南朝—清末）

▲ 清青花双龙戏珠纹瓷香炉

第二章 滨海开发（南朝—清末）

▲ 清兽耳宣德炉

▲ 清黄花梨笔筒

第二章 滨海开发（南朝—清末）

▲ 清景德镇窑粉彩瓷将军罐

▲ 清粉彩帽筒

▲ 清铜镇纸

第二章 滨海开发（南朝—清末）

▲ 清景德镇窑紫红釉贯耳瓶

北仑地区的书院起源于宋代，沈焕首倡，发展于元、明，普及于清代。书院获得官方的认可与扶助，注重藏书与读书，开放办学、自由讲学、研讨学术是其主要特征。它不仅是学术交流的重要场所，也是社会教化的重要载体和主要途径，为北仑古代文化发展做出了重要贡献。

北仑地区清代书院简表

序号	名称	地点	建造人	建造时间	沿革
1	灵山书院	灵岩乡邬隘	贡生邬犟	嘉庆九年（1804）始建	光绪年间倾圮，1892年虞清华、虞得祺等募捐重建，1905年改为灵山小学堂
2	芦江书院	海晏乡柴桥正笔山下	乡人杨人模、石干、郑修璇等	乾隆五十八年（1793）改建	嘉庆二年（1797），浙江学政阮元题名"积书堂"，后改名"观澜书院"，光绪末废
3	振文书院	灵岩、泰邱两乡交界处	王锡山	光绪四年（1878）改建为书院	原为三官堂
4	九峰书院	泰邱乡九峰	乡人叶振六等	光绪四年始建	1905年改办为九峰养正小学堂
5	云衢书院	郭巨所城崇秀门外	汪莹等	咸丰初建	宣统二年（1910）改办为云衢学堂

▲ 灵山书院

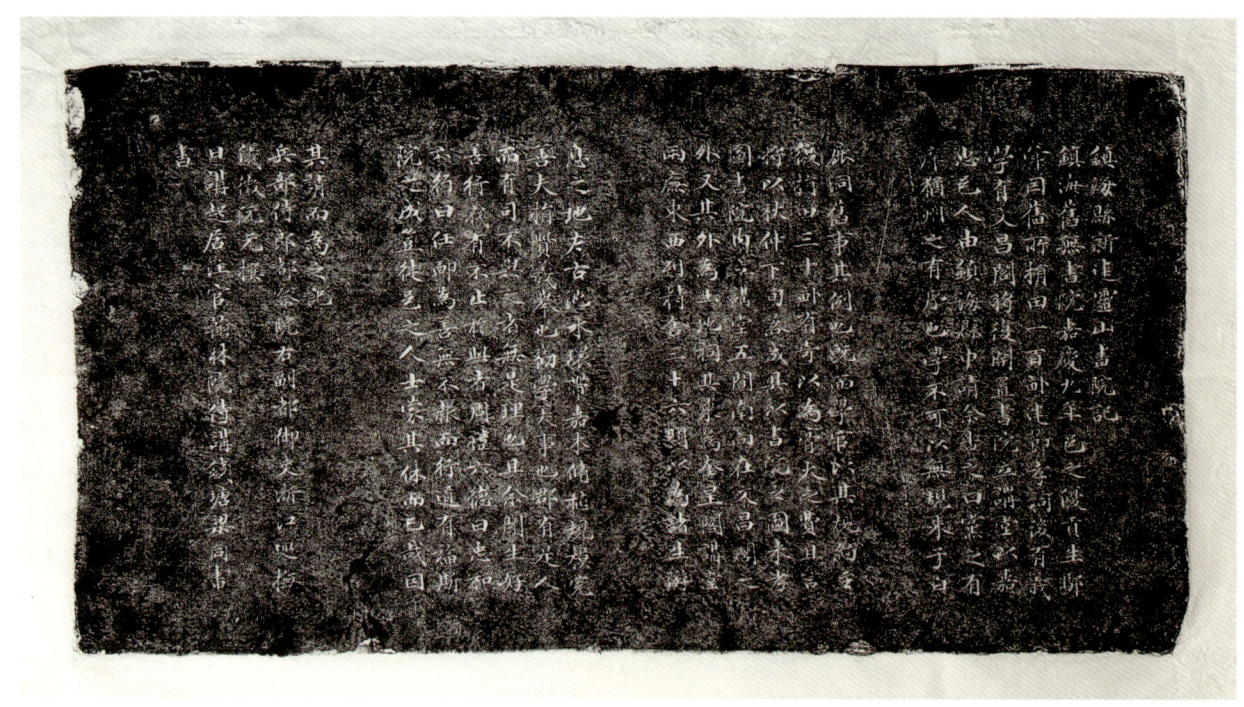

▲ 灵山书院重修拓片

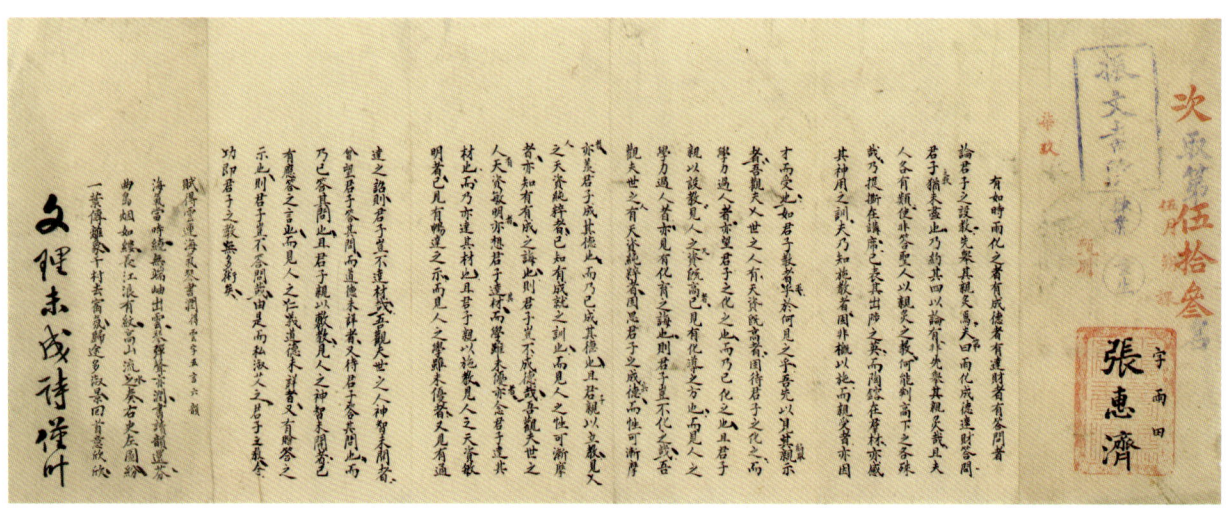

▲ 清振文书院童生张惠济课卷

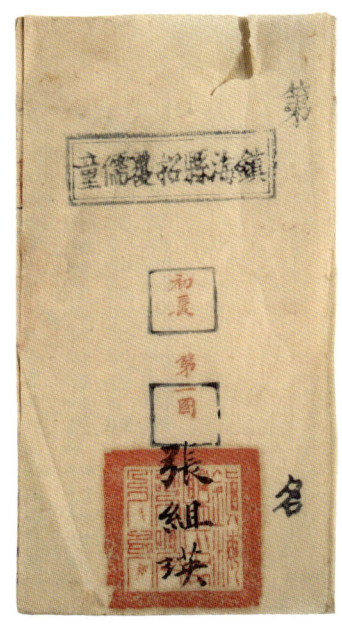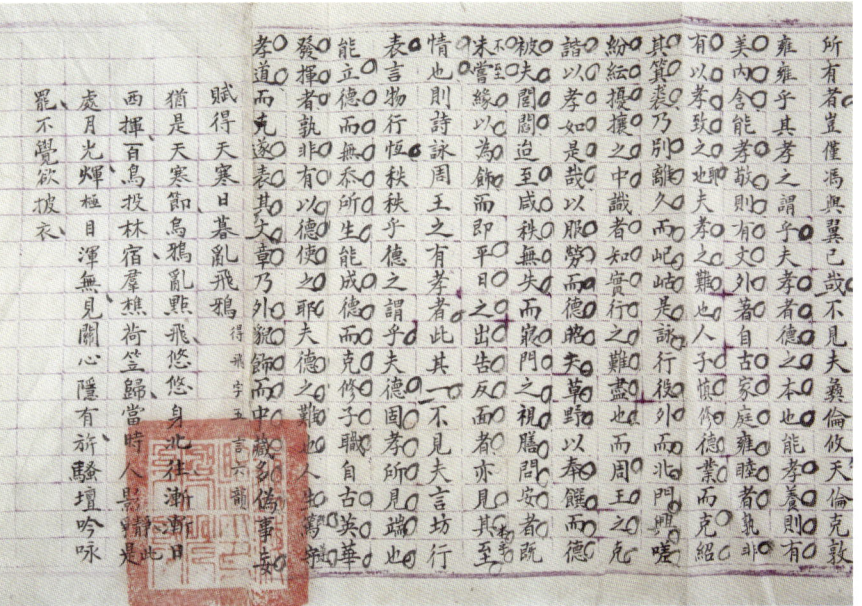

▲ 清镇海县招覆儒童张组瑛试卷

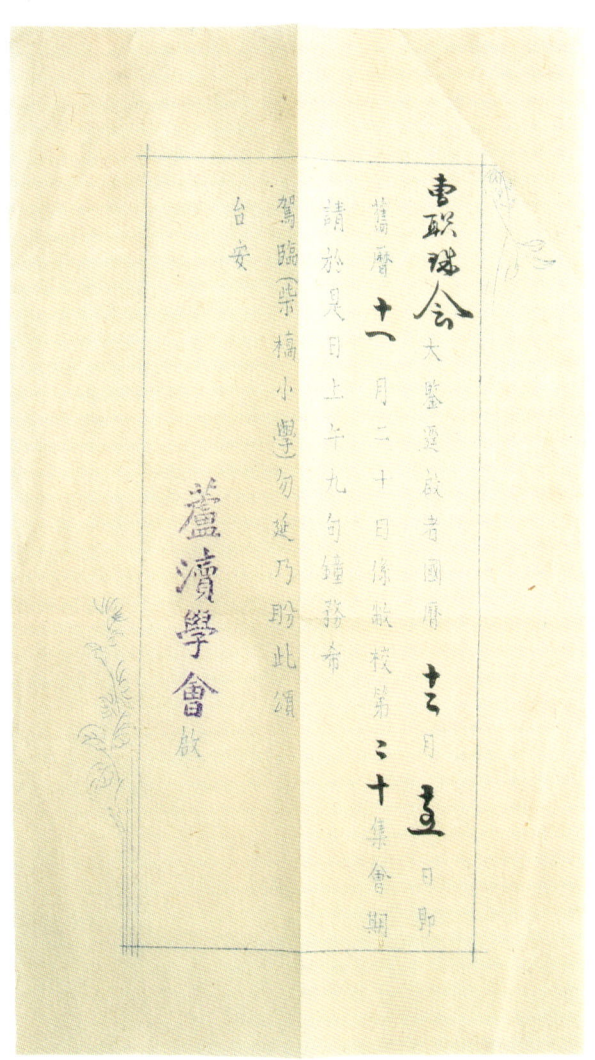

▶ 民国柴桥芦渎学会会员集会通知函

第三章 滨海开发（南朝—清末）

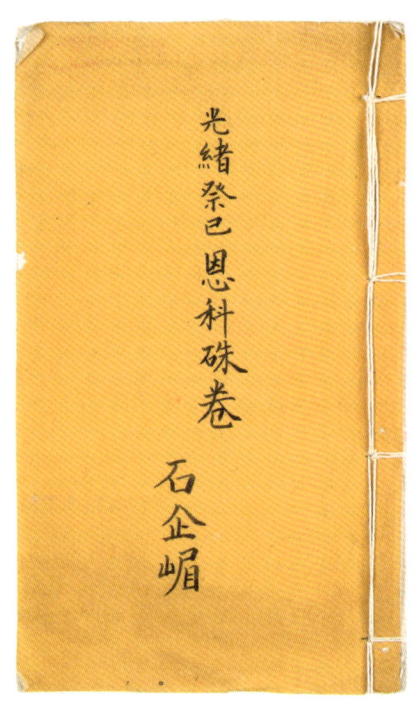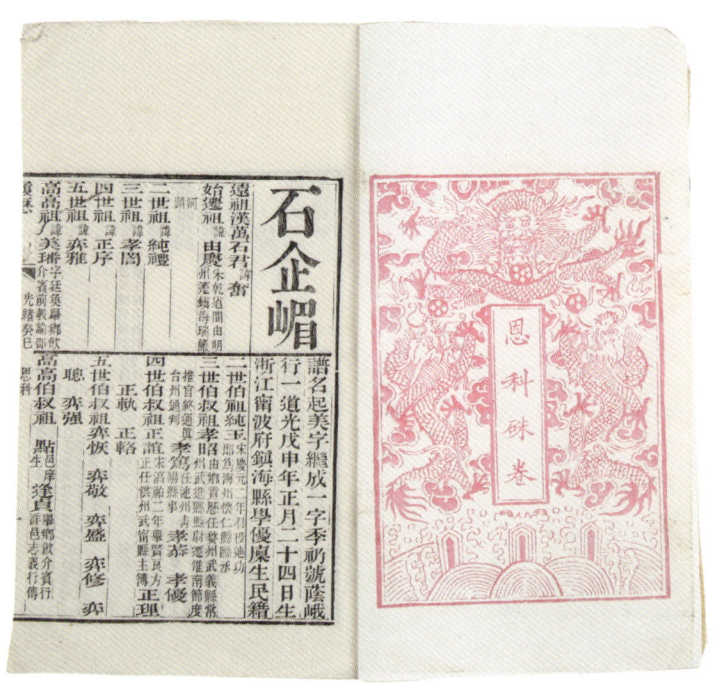

▲ 清光绪恩科硃卷

曹昌燮（1832～1877），原名杰，号珊泉，柴桥山安堂主人之一，由拔贡生朝考一等，授七品京官，寻补刑部福建司主事。

▶ 清"朝考一等"匾

第四章 战事追忆

北仑三面环海,地处甬江口南侧。明清时期倭寇、英法侵略者不断侵扰,抗日战争时期北仑成为前沿阵地,北仑人民依托坚固的海防设施,齐心协力,奋起抗争,一次次击退外来侵略。解放战争期间,北仑人民又组建武装力量,坚持敌后斗争,谱写了一曲不屈不挠的英勇战歌。

第一单元

明清时抗御外侮

甬江口，招宝山与金鸡山对峙，雄关险要，历来是我国海防重地，在我国御外史上谱写了光辉的篇章。

总台山烽火台位于北仑区白峰镇东门村的总台山山顶，始建于明洪武二十年（1387），当时称三塔山台。清代沿用，升总台。

▲ 总台山烽火台

◀ 《战倭寇》国画

明嘉靖年间，倭寇严重骚扰沿海一带，军民奋起抗击，保家卫国，取得了辉煌的胜利。

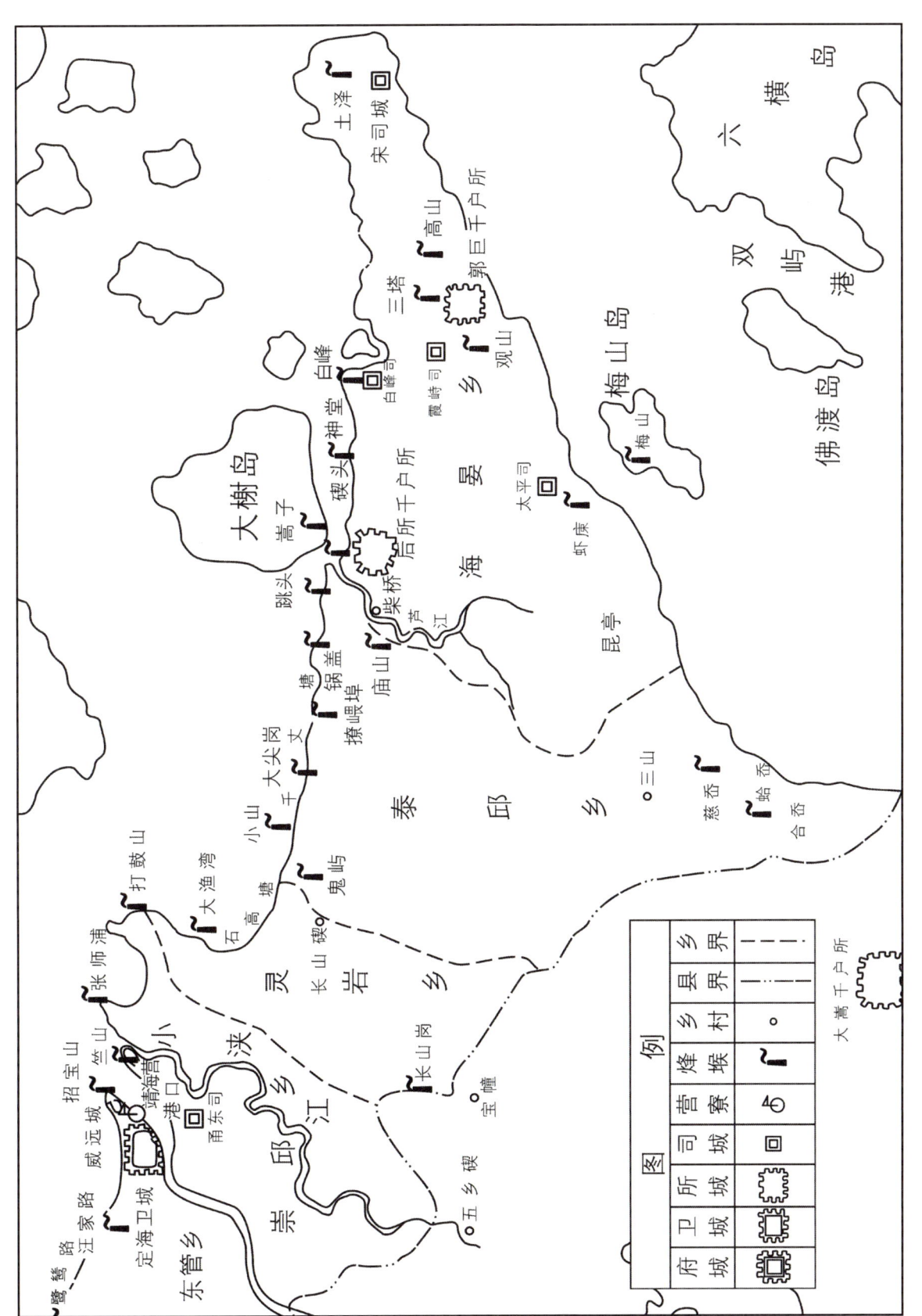

明代宁波主要卫所分布图

(采自《镇海县志》编纂委员会编,《镇海县志》,中国大百科全书出版社上海分社,1994年,第259页。)

▲ 俞大猷画像

俞大猷（1504~1580），字志辅，福建泉州人。明代著名民族英雄、抗倭名将、兵器发明家，他最主要的功绩是领导抗倭战争。

▶ 日本战国时期武士盔甲

1840年，鸦片战争爆发。同年7月，英军入侵定海，次年10月再度占领定海，镇海、宁波相继陷敌。北仑驻军与民众不畏强暴，誓死抗击入侵者。

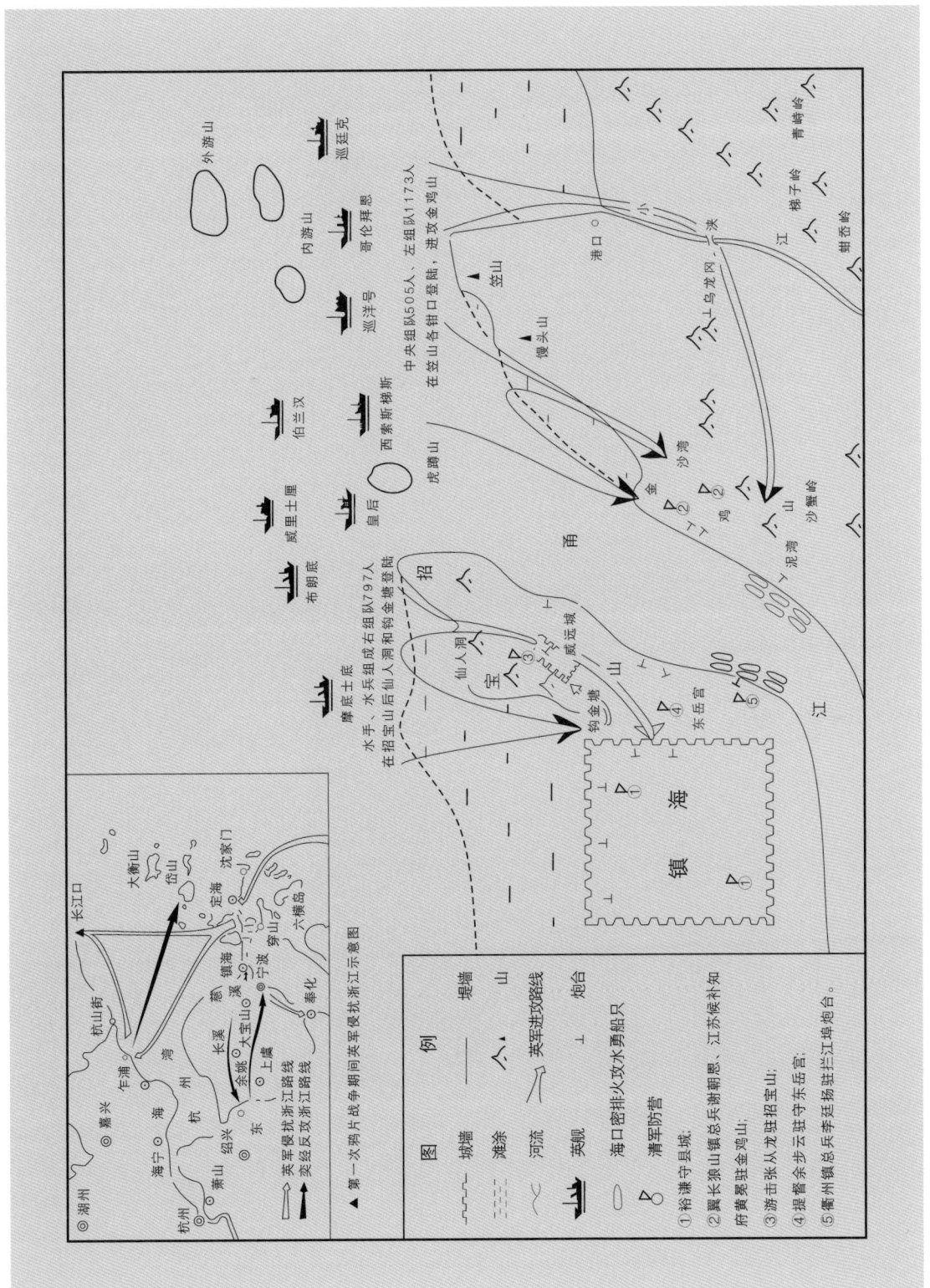

第一次鸦片战争期间英军进攻镇海形势图

(采自镇海海防史编委会编著,《雄关烽烟录》,海洋出版社,1992年。)

第 四 章　战 事 追 忆

▸ 王师真抗英旗帜（复制）

镇海生员王师真组织了一支以水勇为主的抗英队伍，多次扰乱英军驻地。1842年4月5日，水勇数十人分乘火药船、舢板火烧英舰，使英军恐慌不安。这是当时镇海王师真抗英大令旗。

◀ 清代火枪

◀ 清代铁叉

第四章 战事追忆

1885年3月1日,法国远东舰队司令孤拔率舰4艘进犯镇海口。由于防务部署周密,军民奋起而战,法舰陷入空耗时日、损兵折舰的狼狈境地。镇海口保卫战以中国守军的胜利告终。敌人企图入侵浙东、威胁北京的美梦破产,这也加速了法国内阁的垮台。

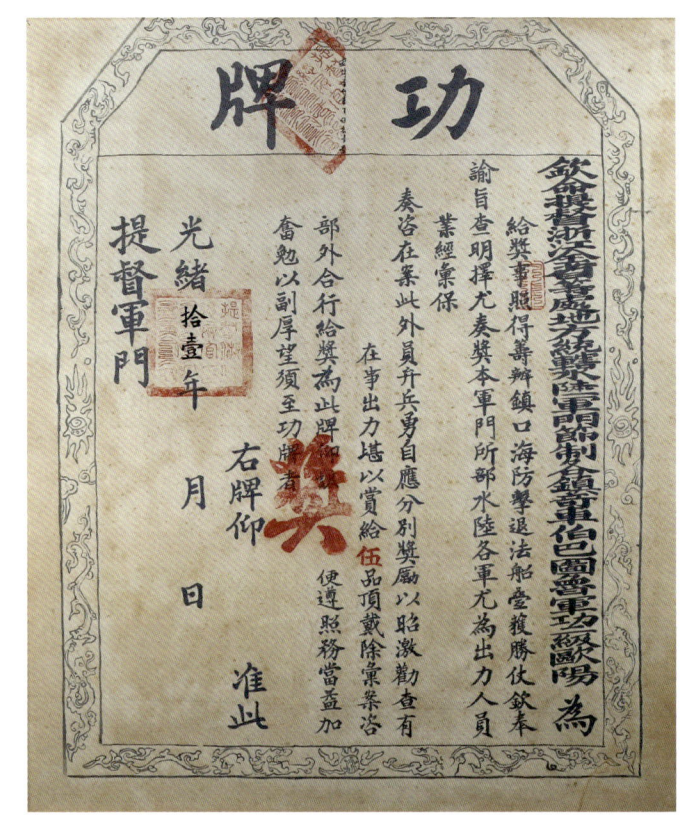

▲ 清提督颁发的功牌（复制）

▲ 清抗法武器实心铁弹

▲ 清抗法武器铁炮

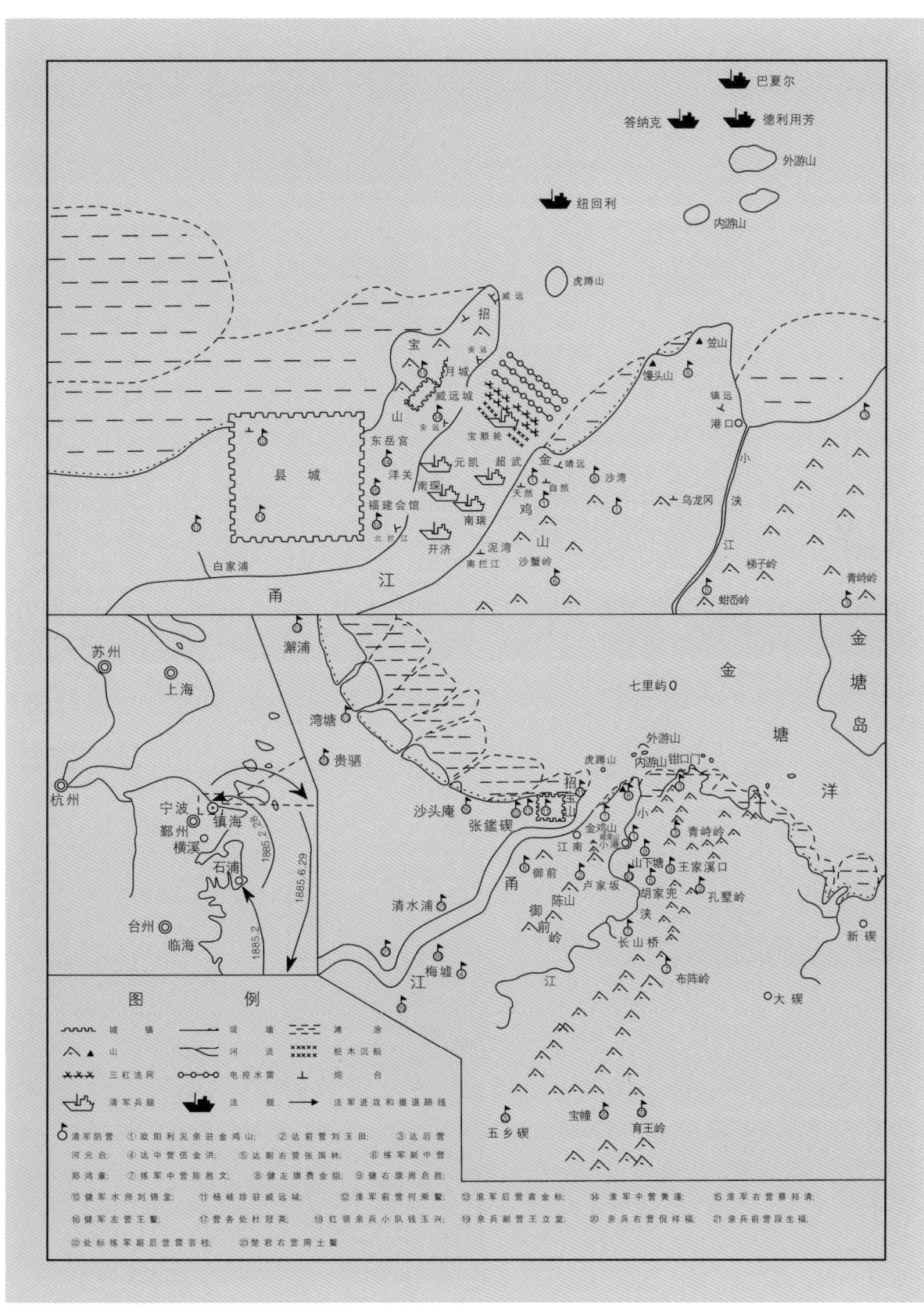

中法战争镇海之役形势图（上图）、中法战争清军指挥系统及布置简图（下图）

（采自《镇海县志》编纂委员会编，《镇海县志》，中国大百科全书出版社上海分社，1994年，第273页。）

戚家山营垒位于北仑区戚家山街道戚家山山顶，北与金鸡山对峙，东北为笠山和小浃江口。占地10000平方米，平面呈椭圆形，墙体用块石垒成，可容兵3000余人。现中间营房已无存，四周墙体仍保留着原来的轮廓。墙体残长约600米，宽1米，高1至3.5米，全部用大、小块石垒成，局部用三合土加固。戚家山又名七盘山、七家山，历来为军事要地。相传明朝戚继光等抗倭将领曾扎营于此。据历史文献记载，清光绪七年（1881），总镇杨春和建营垒，是二线清兵大本营。1940年7月21日，国民党军队与日本侵略军曾在此展开激烈白刃战。戚家山营垒是全国重点文物保护单位镇海口海防遗址的重要组成部分。

▲ 戚家山营垒

▲ 平远遗址全景

平远炮台位于宁波市北仑区戚家山街道金鸡山东北麓山腰，清光绪十三年（1887）用三合土夯筑，在中法战争镇海之役中起过作用。炮台平面呈曲尺形，长20米，高5.3米。那里曾置克虏伯210毫米口径后膛炮一尊，现仅存一堵三合土残墙。1996年11月，它作为镇海口海防遗址一部分，被国务院公布为全国重点文物保护单位。

▲ 平远炮台西侧外墙及护坡

▲ 镇远炮台发掘现场

镇远炮台位于北仑区小浃江入海口的笠山南侧。清光绪六年(1880)用三合土建筑,在中法战争镇海之役中起过作用。炮台平面呈凹字形,长52.6米,宽9米,高4.8米,设炮眼5孔。炮台损毁严重,1989年12月被列为镇海口海防遗址之一。

金鸡山瞭台位于北仑区戚家山街道金鸡山山顶。金鸡山隔江与招宝山对峙,称"天设雄关"。明朝筑有炮台,都督俞大猷曾勒"江海朝宗"四个大字于山上,清道光二十一年(1841),狼山镇总兵谢朝恩与英军在此决战。金鸡山瞭台建于清光绪十年(1884),为中法战争镇海战役作战指挥中心。当时建有营房,现仅存瞭台。光绪十一年(1885)正月,浙江提督欧阳利见亲临山巅,指挥战斗,取得三战三捷。整个瞭台用条石垒筑,断面为梯形。台上原设有旗杆,"日悬旗、夜架灯",系指挥联络用。瞭台东北侧有欧阳利见亲书"督师御敌处"石碑一方,西北侧有保护军门遗迹碑一方。金鸡山瞭台是全国重点文物保护单位镇海口海防遗址的重要组成部分。

▲ 金鸡山瞭台

第四章 战事追忆

085

第二单元
抗战时英勇战史

抗日战争期间,北仑人民所表现出的奋争、觉醒与反抗永留史册,名垂千古。

▲ 宏远炮台

宏远炮台位于甬江南岸笠山,建于清代,沿用至抗战时期,是北仑区现存规模最大的一座炮台。在1937年到1940年的四年时间内,日军多次对宏远炮台进行空中轰炸,炮台守军奋力还击,浴血奋战,取得了很大战绩。

▲ "汉阳造"步枪

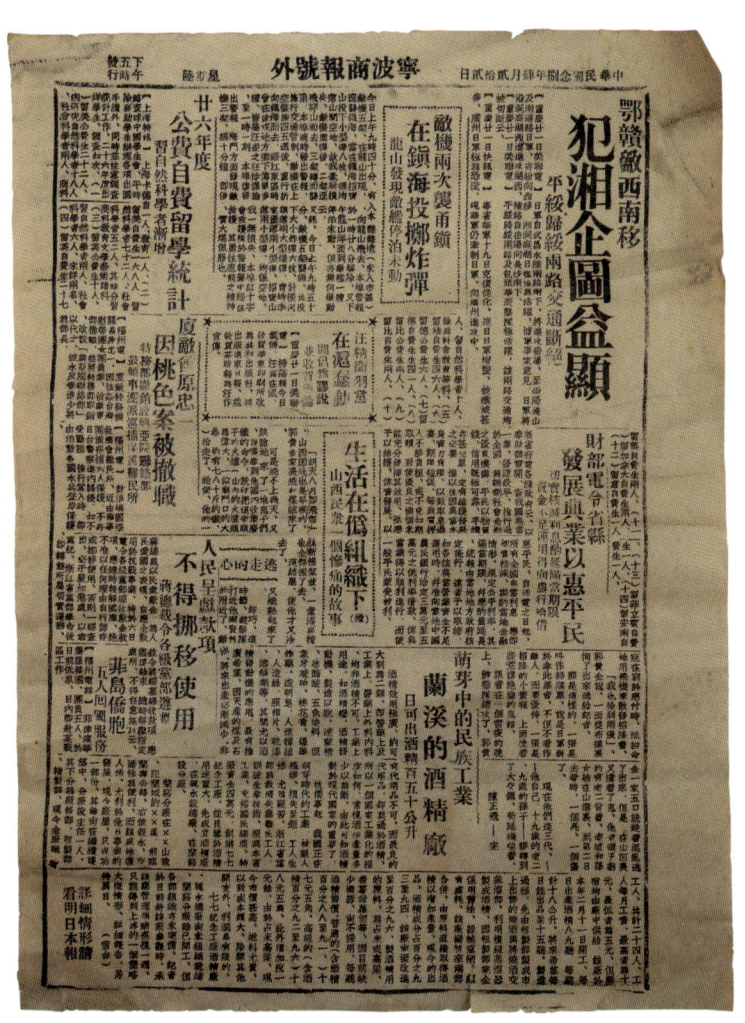

◀ 民国《宁波商报号外》记载的炮战文章

第四章 战事追忆

1940年7月17日，国民革命军194师在师长陈德法的带领下与日军在戚家山展开激战，历时七昼夜，伤亡数百人，终将日军击退，在我国抗战史上写下了胜利的篇章。就其激烈和毙伤敌寇的人数而言，这实为浙东抗战史上最光荣的一次战役。由于这次胜利，宁波人民得以暂时免受日寇入侵和蹂躏。

▲ 陈德法将军

▲ 抗击日军的国民革命军阵地

抗日战争时期,我军将士广泛发动、组织和武装群众,开展游击战争,在北仑大地上声东击西、四处开花,采用灵活的斗争方式坚决抵抗日本的侵略。

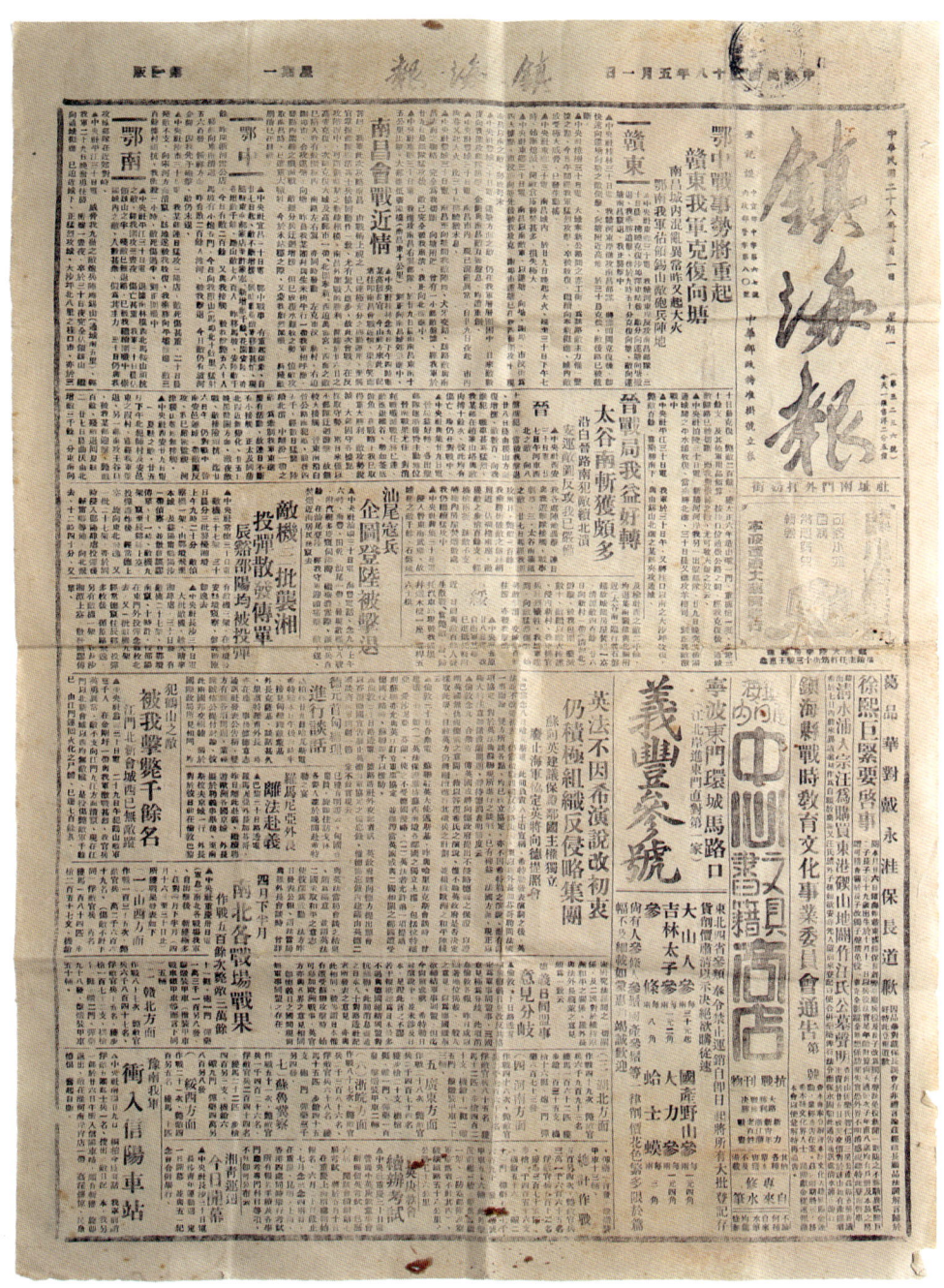

▶ 民国二十八年《镇海报》记载的抗日战事

第四章 战事追忆

《大碶缴枪》油画

1944年1月1日,镇海伪保安队配合20余名日军进犯大碶,至暮,日军回镇海,伪军留驻大碶新庙。定象保安总队第二大队两个中队于午夜包围伪军驻地,经过两小时的战斗,缴获轻机枪1挺,长短枪40支。

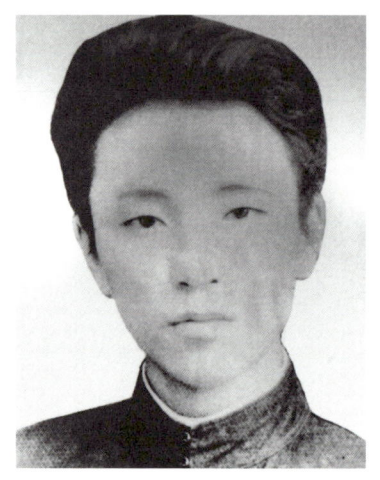

林勃

李敏

林勃(1919~1941),北仑小港人。抗日战争时期任镇海江南独立中队政治指导员。1941年10月,在青峙战斗中被日军刺17刀,壮烈牺牲。

李敏(1924~1944),北仑小港人。1942年秋,在鄞县从事地下抗日救国宣传。次年,担任中共樟水区委书记,组织抗日武装,开展敌后战斗。1944年2月21日,被国民党残暴杀害,人称"浙东刘胡兰"。

第三单元

解放战争光荣史

抗日战争结束后，国民党政府蓄意挑起内战，阻挠中国的革命进程。北仑人民秉持着革命传统，积极参加革命斗争，加速了北仑的顺利解放。

▲ 蔚斗小学旧址

◀ 蔚斗小学学生游行

蔚斗小学创办于1927年，聘请唐盛全为第一任校长，是一所具有光荣革命传统的学校。在抗日战争和解放战争中，蔚斗小学的众多师生纷纷走上革命道路，为中国人民的解放事业做出了可贵的贡献。

1949年5月25日，北仑解放。北仑的解放为舟山战役打下了坚实基础。同年7月，人民解放军发起解放舟山群岛的渡海战役。8月18日，我军首战大榭岛取得胜利，大榭解放。

▲ 解放大榭渡海作战

▲ 解放军军号

▲ 胡静园家属"一门光荣"匾额

第五章 海濡名士

近代中国,以商人为先锋的北仑籍"宁波帮"以上海为跳板,遍历全国、放眼世界,成就了军政、经济、文化、社科等各界翘楚。从历史走来,他们是北仑传统底蕴最厚实的部分;从人群中走来,他们是北仑当下辉煌最厚重的部分。

百年望族——小港李家

小港李家是"宁波帮"诸多家族中发迹最早、财力最雄厚、影响最大的家族之一。李家第三代更是人才辈出,他们除经营航运、钱庄外,还广泛投资垦殖、银行、保险、丝织等新兴事业,使李家成为名震沪上的工商大家族。

小港李氏家谱简表

敬明	弼安（乾房）	听涛（孟房）	昌祥（孟房）	祖字辈计27人	名字辈计49人	维字辈计33人
		濂水（仲房）	耘青（茂房）			
			咏裳（选房）			
			瀛翔（俊房）			
			燕祥（英房）			
			善祥（贤房）			
			康祥（杰房）			
			寿祥（圣房）			
		雨田（季房）	璇祥（季房）			
	也亭（坤房）	梅塘	云书（仁房）	祖字辈计45人	名字辈计63人	维字辈计49人
			玉麟（智房）			
			如山（义房）			
			薇庄（礼房）			
			征五（乐房）			
			鸿祥（忠房）			
			屑清（信房）			

（采自张永祥主编,《江南望族小港李家百年风云》,宁波出版社,2011年。）

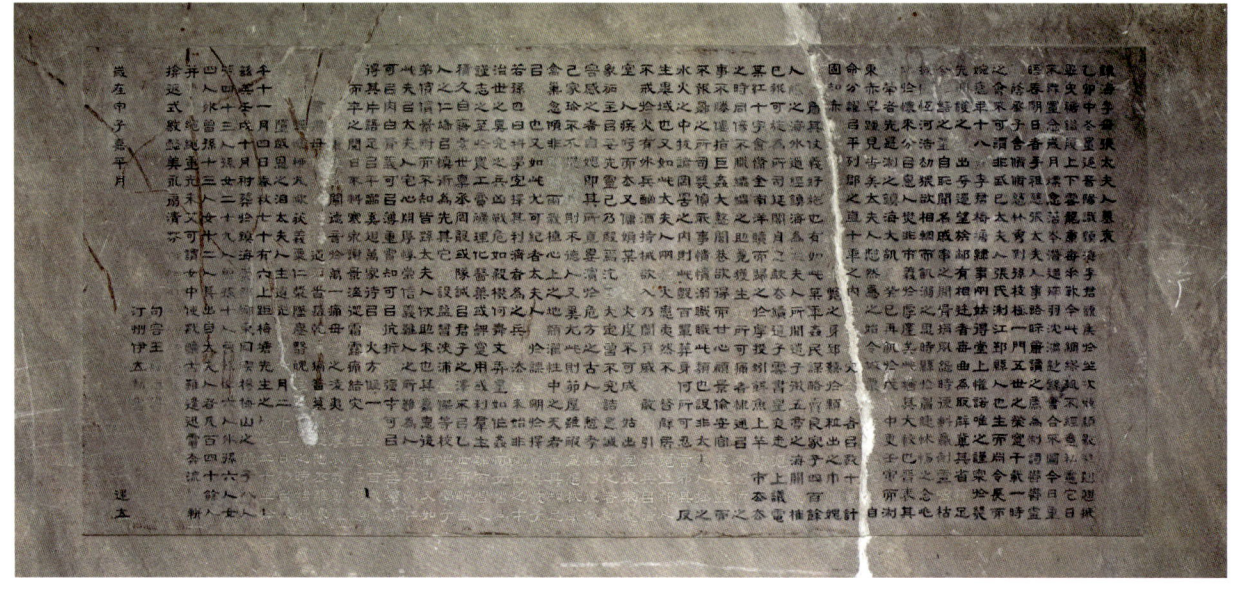

▲ 张太夫人墓表

张爱萍与李又兰合照

民国李秋君山水扇面

乾坤亭

民国航运业巨头——顾宗瑞与泰昌祥轮船公司

顾宗瑞（1886~1972），北仑大碶塥头村人。1928年，购置新式蒸汽轮船，涉足航运业。1946年，在上海创办泰昌祥轮船行，拥有新式轮船13艘，在上海、天津、武汉等地经营航运，成为当时国内航运界翘楚。后将公司迁香港，并在世界各地开设分公司。

▶ 顾宗瑞

▲ 1928年的顾宗瑞先生全家福（顾国和尚未出生）

▲ 顾宗瑞故居"瑞庐"

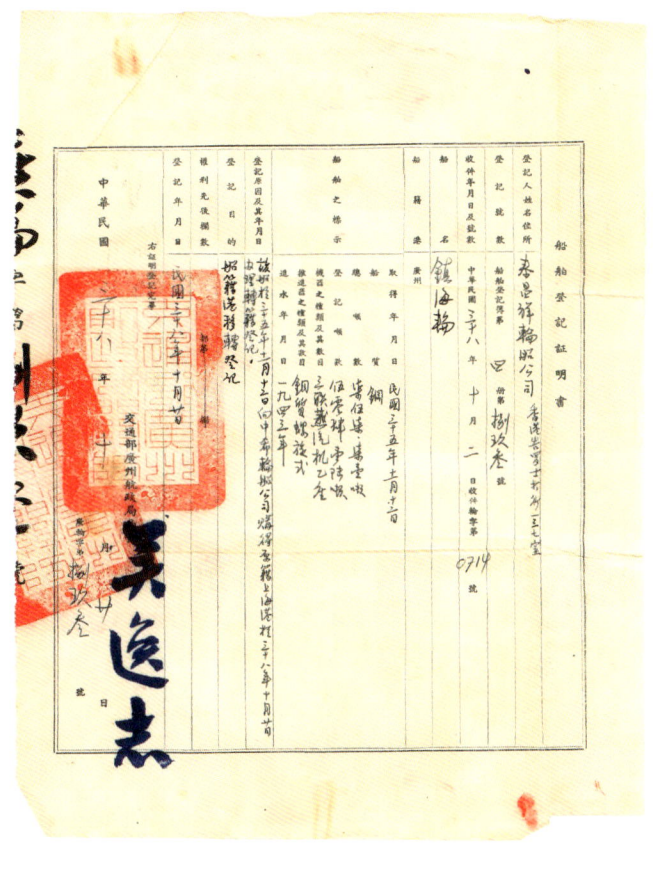

▶ 民国三十八年镇海轮船舶登记证明书

▲ 1952 年，顾宗瑞成立香港万利轮船有限公司，图为万利轮

第五章 海濡名士

中国照明电器工业的鼻祖
——胡西园与中国亚浦耳灯泡厂

胡西园（1897~1981），北仑柴桥人，实业家、发明家、工程师。他制造出中国第一个自制灯泡，创办了中国第一家灯泡厂，被誉为"中国灯泡之父""中国电光源之父"和"中国照明电器工业的开拓者"。他创办的中国亚浦耳灯泡厂为近代电器工业注入了新鲜血液。

▲ 胡西园

◀ 亚浦耳厂房外景（二十世纪三十年代）

▶ 民国亚浦耳灯泡

中国的提鲜品之父
——张逸云与天厨味精厂

张逸云（1871~1933），北仑小港衙前村人。1923年在上海创办天厨味精厂，产品定名为"味精"，商标定名为"佛手"，这是中国自产味精的开始。之后，"佛手牌"味精打破日本"味之素"在中国的垄断，并远销国外，成为中国最早在国际上获得专利的食用化工用品。

▲ 张逸云

▲ 天厨味精厂广告（复制品）

爱国民主实业家——黄延芳

黄延芳（1883~1957），北仑小港枫林人。先后投资创办和参与经营信平保险公司、十六铺八家渔行和中国国货公司等十余家企业。抗日战争时期，支援抗战，致力于救济慈善事业。解放战争时期，参与下关事件，加入中国民主建国会。1949年9月，出席中国人民政治协商会议第一届全体会议，历任全国政协第一届委员等职。

▲ 黄延芳

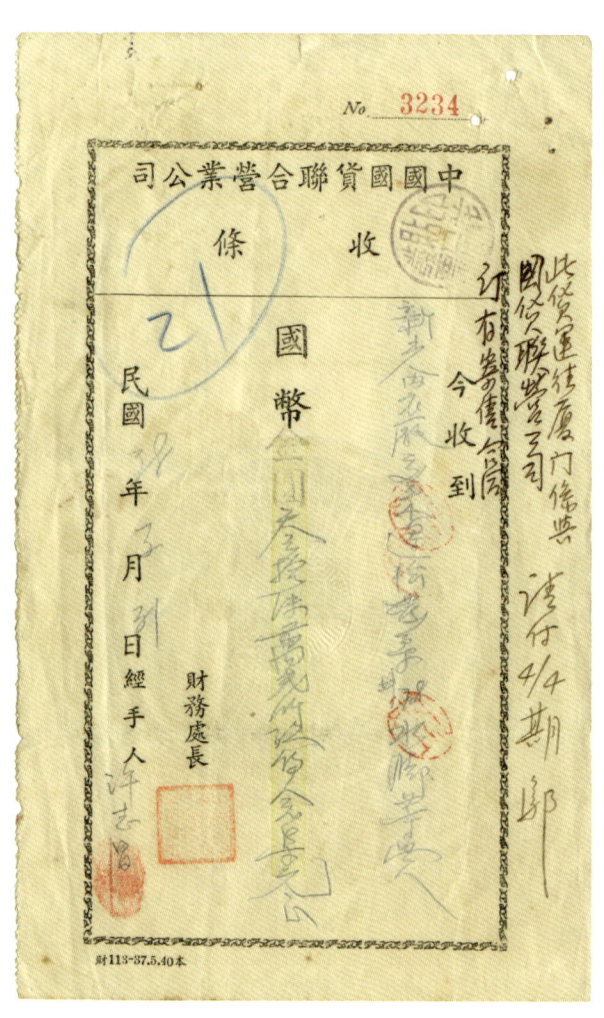

▲ 民国中国国货联合营业公司收条

▲ 民国上海中国国货股份有限公司股票

中国民族电影的拓荒者
——张石川与明星影片公司

张石川（1890~1953），北仑霞浦霞西村人，是对中国早期电影进行商业探索的第一人。他于1922年创办的明星影片公司，是二十世纪二三十年代经营时间最长、摄制影片最多，并具有广泛社会影响的民营影片公司，是中国早期电影的摇篮。

▲ 张石川

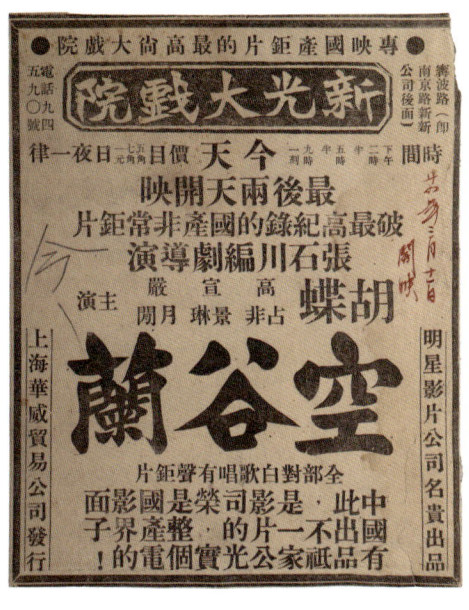

▲ 民国张石川电影作品海报

▲ 民国张石川赠送胡蝶的结婚银杯

名士集锦

钟观光（1868~1940）

北仑柴桥人，著名植物学家。他是我国第一个用科学方法广泛研究植物分类学的学者，曾先后在江苏南菁高等学堂、上海科学仪器馆理科讲习所、爱国女学和爱国学社、湖南高师、北京大学、浙江大学等处执教，为祖国培养了不少科学人才。钟观光先生著述丰富，有《旅行采集记》《山海经植物》《物贡纪要》《有关植物古籍释例、注解书目》《中华植物学》《本草疏证》等著作留世，受美、日植物研究学者推崇。

▲ 钟观光

▲ 钟观光采集制作的植物标本

▲ 民国中国通商银行纸币

徐圣禅（1882~1958）

北仑小港人，宁波商帮的重要人物，金融业巨头。他曾任中国人最早创办的银行中国通商银行常务董事、上海市银行总经理、浙江地方银行董事长。他是早期同盟会会员，加入过护法军政府，积极支持蒋介石，做过北伐军军需官、国民政府浙江省财政厅厅长。他是江浙财团的重要领袖，经营领域横跨实业、化工、金融业、保险业、银行业、地产业，为"宁波帮"的发展壮大做出了重大贡献，同时也为中国早期金融业的发展做出了一定贡献。

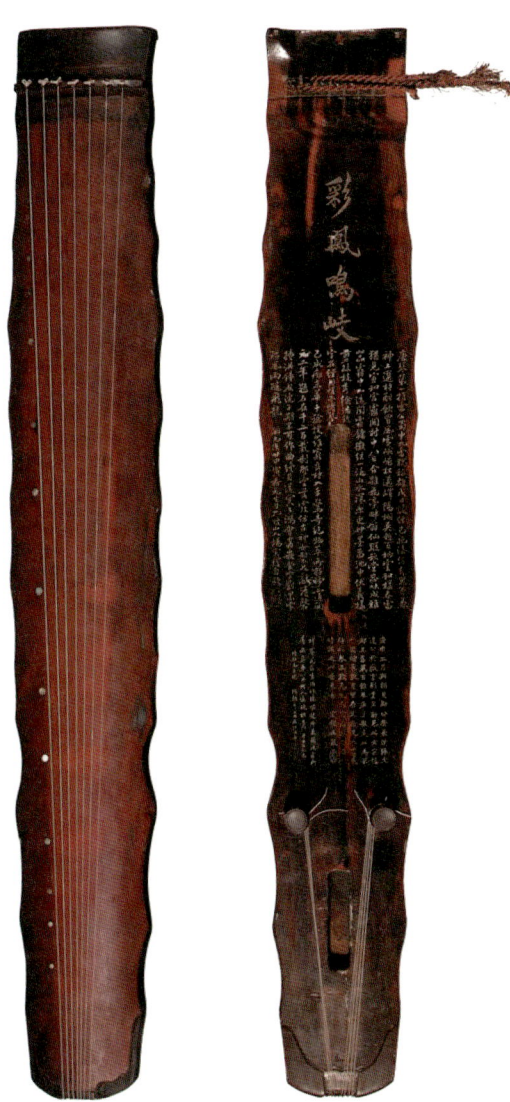

▲ 徐圣禅收藏的唐彩凤鸣岐七弦古琴（原件藏于浙江省博物馆）

▲ 徐圣禅

第五章 海濡名士

▶ 张人亚

张人亚（1898～1932）

北仑霞浦人，早期宁波籍中共党员。他曾担任过上海党中央的内交科长、中国革命互济会全国总会主任、中华苏维埃共和国临时中央政府第一届中央工农检察委员、中央出版局局长和印刷局局长。他为党保存过大量的珍贵历史文献，是卓有贡献的革命家。

▲ 张人亚所藏《共产党宣言》（原件藏于中国共产党第一次全国代表大会会址纪念馆）

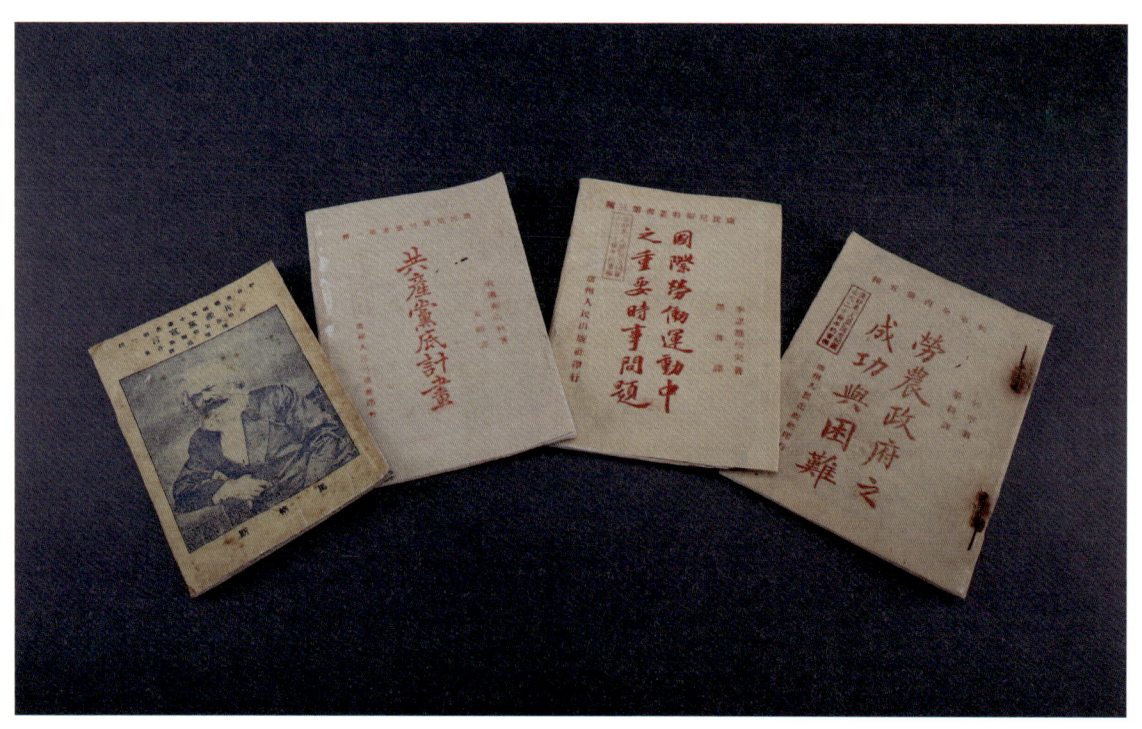

▲ 张人亚秘密保藏下来的中国共产党相关文献

戴祖贻（1921~   ）

北仑霞浦人，上海著名西服店培罗蒙的第一个学徒。他曾在王宏卿、顾宏法等开办的上海市西服工艺职业学校深造，是宁波"红帮"裁缝的著名代表。民国时，他多次为张群、张治中、宋子文、何应钦等要员量体裁衣。1949年后，他在香港地区及日本协助培罗蒙创始人许达昌先生拓展业务。1969年，他成为日本培罗蒙资产的实际所有人，将日本培罗蒙塑造成知名品牌。戴祖贻晚年心系故里，多次捐资支持家乡建设。

▲ 戴祖贻

▲ 顾客定做西装使用的专有卡片

▲ 戴祖贻培罗蒙工作六十年纪念西装上装（1994年）

第五章　海濡名士

▲ 陈逸飞

陈逸飞（1946～2005）

　　北仑新碶人，中国著名导演、画家、视觉艺术家。他是中国改革开放后西方世界中著名的华裔画家之一，1965年毕业于上海美术专科学校，1980年旅美后，专注于中国题材油画的研究与创作。陈逸飞以"大美术"的理念，在电影、服饰、环境设计等诸多方面都取得了创造性成就，成为文化名流。知名的优秀油画作品有《黄河颂》《占领总统府》《踱步》和《周庄》等。

▲ 陈逸飞故居

◀ 陈逸飞画作《江南水乡》

▲ 贺友直作品《吃派饭》

贺友直（1922~2016）

北仑新碶人，著名的线描大师。他从事连环画创作50多年，曾任上海人民美术出版社编审，中国美术家协会第四届常务理事、连环画艺术委员会主任，上海市美术家协会第四届副主席，中国连环画研究会第二届副会长等职。作品《火车上的战斗》曾在1957年全国青年美术作品展览中获一等奖，《山乡巨变》被称为中国连环画史上里程碑式的杰作，并于1963年获第一届连环画评奖会一等奖。

▲ 贺友直

近现代北仑籍主要名人列表

(按出生年份排列)

姓名	生卒年	社会身份
钟观光	1868~1940	中国植物分类学奠基人
张逸云	1871~1933	中国的提鲜品之父
虞和钦	1879~1944	中国近代化学家、诗人
徐青甫	1879~1961	近代经济学家
李善祥	1880~1959	爱国实业家
徐圣禅	1882~1958	民国金融家
蕢延芳	1883~1957	爱国实业家
顾宗瑞	1886~1972	民国航运业巨头
张石川	1890~1953	中国民族电影的拓荒者
胡宗南	1896~1962	国民党高级将领
丁佐成	1897~1966	近代仪表工业的创始人
胡西园	1897~1981	中国照明电器工业的鼻祖
张人亚	1898~1932	中国共产党早期党员 中央苏区检察工作和出版发行事业的重要领导者 为保存中共第一部党章做出重要贡献
鲁彦	1901~1944	小说家、翻译家
张承宗	1910~1996	革命家、社会活动家
邵克萍	1916~2010	版画家、版画活动家
孙慎	1916~	作曲家、音乐活动家
戴祖贻	1921~	"红帮"名家
贺友直	1922~2016	连环画家、线描大师
周大风	1923~2015	音乐理论家、作曲家
顾生岳	1927~2012	画家、浙派人物画"五老"之一
於梨华	1931~	作家、社会活动家
陈逸飞	1946~2005	油画家、文化实业家、导演

结尾语

滔滔甬江，渺渺东海孕育了北仑这块海濡之地。五千年前先民们在这里驻足生存，开始谱写北仑人民历史的篇章。五千年后璀璨的航海贸易史在这里得到传承，成就了东方大港的梦想。

今日的北仑，已是镶嵌在东海之滨的一颗璀璨明珠，区位独特、经济繁荣、社会进步、基础设施良好。北仑这个临港新城，已成为宁波市最具增长潜力的经济强区之一和利用外资的龙头，成为浙江省乃至全国对外开放的窗口。北仑的快速发展，更成为党的改革开放政策在沿海地区成功实践的精彩缩影和生动写照。

附录

浙江宁波北仑灵峰禅寺旧址考古调查简报

宁波市文物考古研究所　北仑博物馆

灵峰禅寺位于浙江省宁波市北仑区大碶街道境内的灵峰山上，西距宁波城区约20公里，东与佛教名山普陀山隔海相望，南与浙东名刹阿育王寺山峦相连，同为远近闻名的佛家净地之一（图一）。

灵峰山自东汉以来即称佛国道场，据传晋时葛洪也曾到此炼丹。南朝梁时有僧建寺于山上，然当时仅小舍数间。五代十国后周广顺元年，全禅师增建殿宇，定名"保安禅院"。北宋治平元年，赐额"灵峰禅寺"，民间称作"第一灵山"，与邻近的阿育王寺、天童寺齐名。明崇祯十三年（1640），僧觉明扩建寺宇，并易南向。清康熙二十三年（1684），僧自开全面修葺并增建殿堂；康熙四十年（1701），僧圆常新建钟楼及山门；咸丰年间寺毁于火；光绪元年（1875）重建。1969年灵峰禅寺因"文革"拆除，寺

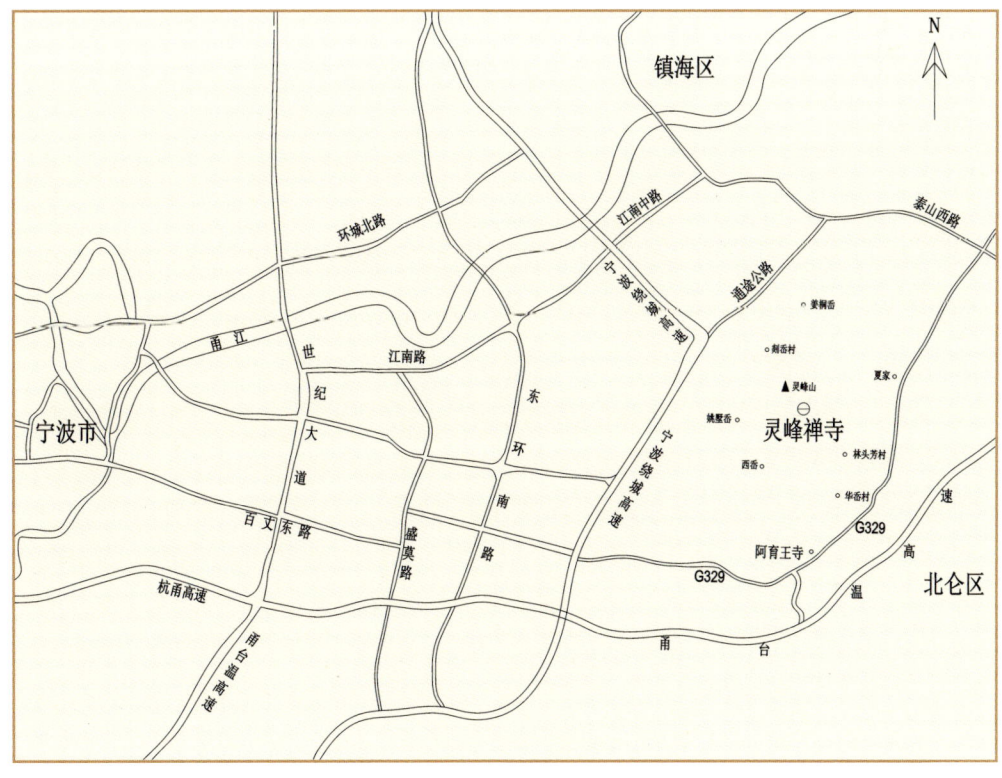

图一　灵峰禅寺地理位置示意图

毁殆尽。1990年甬籍侨胞闻儒根捐资在仙灵桥畔建造"灵峰亭",拉开了"重光灵峰"的帷幕。1993年起开始复建灵峰禅寺,千年古刹至此重见光明。

由于灵峰禅寺在历史上曾屡建屡毁,而现在于灵峰山主峰山腰处重建的灵峰禅寺不仅因其建筑布局兼具佛道合一的风格为人所诟病,即便其是否在原址重建也不乏有人质疑。为此,2012年12月至2013年1月,宁波市文物考古研究所与北仑博物馆联合组队对灵峰禅寺旧址进行了初步考古调查,现将有关调查情况做一简要报告。

一、文献记载

经查,地方文献中关于灵峰禅寺的记载主要见有以下几种:

南宋罗濬等撰宝庆《四明志》卷十九《定海县志卷第二》:"灵峰院,县南四十里,周广顺元年置,名'保安'。皇朝治平元年改今额。常住田二百三十亩,山七百八十亩。"

元袁桷等撰延祐《四明志》卷十八《释道考下》:"灵峰禅寺,县南四十里,周广顺初全禅师置,名'保安'。宋治平初改今额。"

明黄润玉等撰《宁波府简要志》卷五《寺观志》:"灵峰寺,县南四十里,周广顺中建。"

清陆潜鸿撰乾隆《镇海县志》引《浙江通志》:"周广顺元年建,名'保安'。宋治平初改今额。明崇祯初重建改向。"

清俞樾撰光绪《镇海县志》卷六《山川上》:"瓶壶山,县东南三十里,上有峰,世传葛仙翁炼丹之处……今呼为灵峰山。山有十二景:溪庄绿雪、九曲扪萝、西山爽气、仙翁箸竹、孤峰卓笔、松坪晚照、丹井流香、横门玉案、巨壑喷珠、石髓甘泉、禅关夜月、寺后蜃潭。"

光绪《镇海县志》卷三四《古迹》引《灵峰志》:"灵峰寺下有岩曰'七佛岩',岩下有池曰'丹池',亦曰'丹井',葛仙翁炼丹处。"

光绪《镇海县志》卷三六《寺观》引《灵峰志》:"灵峰禅寺,县南四十里大瓶壶山上。周广顺元年全禅师建,名'保安'。宋治平元年改今额。明崇祯十三年僧觉明重建,易南向。国朝康熙二十三年僧自开重建;四十年僧圆常建钟楼及山门。"

光绪《镇海县志》引李昌裔《山寺形胜记》:"灵峰寺者,四明镇邑之古名刹也。距府治而东五十里,距县治而南三十里。乡曰'灵岩',里曰'金泉',山曰'瓶壶'。从山麓九曲而上,独吐平原,周围约里许,东汉明帝时即称为佛国道场,由来旧矣……而瓶壶大小两山兀然挺出,曰'瓶壶'者,象其形也。遂于大瓶壶山构寺基焉。壶山左为屏山,屏山足为永福禅院……灵峰介居其间,近连永福,远接阿育王,三道场后先创兴……灵峰基之方广虽不及阿育王,然寺建于众山之巅,天空海阔,一望旷然……寺后有蜃潭,尝因蜃气出没以占晴雨。寺旁有甘泉,泉从石罅流出……寺下有岩,曰'七佛岩',岩下有池,曰'丹池',亦曰'丹井',为仙翁(注:葛洪)炼丹处。池下有壑,壑水潺湲不绝,壑旁为山径,左折右曲,竹木交翠,如山阴道上,应接不暇。至水口更镇以日月两山,俨然堂室之有门户也……至其镌字于石者,为'灵鹫峰''七佛岩''佛国山''善财岩',苍劲老逸,状如斗大,皆名手所书,因并记之。"

光绪《镇海县志》引谢兆昌《重修记》:"邑乘载灵峰禅寺,周广顺元年建,名'保安'。宋治平初改今额……寺居山之巅,风雨阴岚之所,侵蚀岁久,将圮,康熙辛巳岁住持圆常乃悉葺而新之……兹山形势耸拔,众峰拱揖,上特平,衍由蹬道,曲折而上,将及巅,两崖束若门,中通一道水,淙淙流其间……"

民国洪锡范、王荣商等撰民国《镇海县志》卷三《山川上》:"灵峰,县南三十里,下有灵峰寺。"

二、调查经过

梳理上述文献材料可知,记载灵峰禅寺位置最为具体的是光绪《镇海县志》所引李昌裔《山寺形胜记》与谢兆昌《重修记》。在我们对灵峰禅寺旧址实施考古工作前,北仑相关部门和寺院方面曾据之率先在灵峰山主峰(原大瓶壶山)开展过实地调查,且认为灵峰禅寺旧址在灵峰山主峰之巅较平缓处的可能性最大,符合《山寺形胜记》与《重修记》中"九曲而上,独吐平原""寺建于众山之巅""寺居山之巅"的描述。自2012年10月以来,我们也多次对灵峰山一带进行过地面踏勘,并在其后分三个阶段相继实施了具体调查工作:

第一阶段调查工作于2012年12月8日至12月23日展开,调查时对灵峰山主峰山脊及其东南向山坡地带我们认为可能建寺的地点进行了局部勘探解剖,共布设南北向探沟7条(T1、T3~T8)、东西向探沟1条(T2),探沟最长者26米,最短者11米,宽皆1米。调查结果表明,虽然每条探沟下做深度不一,但其地层堆积情况皆大体相似:第①层为黑色有机质山体表土,厚14~23厘米;第②层为纯净黄土,厚20~120厘米;黄土下即为山体岩基,岩基面南北两端高,往中间倾斜,与山表地势基本相同。调查过程中除发现5座商周时期的土墩墓、1座土墩石室墓,以及墓葬周围一些散落的碎石块(图版一,1)外,未发现任何与灵峰禅寺有关的遗迹和遗物。

第二阶段调查工作于2012年12月24日至2013年1月2日展开,调查时在灵峰山东南向山坡第二级平台向东至欢喜岭(调查采访时当地村民提供的地名)古道两侧进行了局部勘探解剖,共布长15米、12米、12~13米,宽皆1米的探沟3条(T9~T11)。调查结果表明,这一区域内的地层堆积情况与第一阶段勘探区域基本相类,仅厚薄不同而已。调查过程中除曾在欢喜岭古道旁发现有旧时供行人休息的凉亭倒塌后形成的瓦砾堆积,在T10北面发现有形如弥勒佛坐像的岩石堆(推测可能为李昌裔《山寺形胜记》中的"佛国山"遗迹)(图版一,2)外,没有发现其他宗教类建筑遗迹。

第三阶段调查工作于2013年1月3日至1月20日展开,调查时在发现形如弥

图版一，1：灵峰山主峰山巅土墩墓排成圆形拦土石

图版一，2：疑似"佛国山"遗迹

勒佛坐像的岩石堆处向上至灵峰山顶区域进行了局部勘探解剖，共布长 15.7 米、10 米，宽皆 1 米的探沟 2 条（T12~T13），同样没有发现与灵峰禅寺旧址相关的人工遗物和遗迹现象。

三、主要收获

经过多次的实地踏勘和连续一个多月的调查勘探，同时结合文献记载和口碑相传，虽然我们在以上一些可能的地点没能找到与灵峰禅寺旧址直接关联的遗迹遗物，但灵峰禅寺旧址的位置与面貌却因此得以逐步清晰起来，考古工作取得了一定收获。主要表现在：

第一，排除了古灵峰寺建在灵峰山主峰即原大瓶壶山山巅的可能。理由如下：1. 以上调查区域之地势均达不到文献中"独吐平原，周围约里许"的标准，仅仅山势较其他地方稍平而已。2. 考古勘探布设的每条探沟中的地层堆积均为原生土堆积，未见到任何与灵峰古寺相关的遗迹和遗物，且岩基面高低不平，古人不太可能在其上盖房、建寺。3. 调查区域内共发现了 6 座商周时期的土墩墓和土墩石室墓，虽然这些墓葬因长期风雨侵蚀封土已流失并暴露出了阻拦封土的石块，但并未破坏殆尽，它们的发现，表明灵峰山主峰山巅之上自建墓之后就未曾有过大的人为扰动，自然更谈不上建造灵峰禅寺并屡毁屡建了。4. 李昌裔《山寺形胜记》与谢兆昌《重修记》均为旧时文人作品，并非严格意义上的志书，其"寺建于众山之巅""寺居山之巅"的描述可能只是形容古灵峰寺建在山上较高的位置，并非确指山的最高处，今人对古人"山巅"一词或有理解上的偏差。5. 山顶建寺不仅易遭风雨雷电的侵袭，缺少水源也会给生活带来诸多困难。

第二，确认了灵峰禅寺旧址就在现寺址处，即灵峰山主峰山腰位置。理由如下：1. 调查时在灵峰山主峰及周围一带并未发现如现寺址处一样平整、空旷的场地，现寺址处地形地貌也符合风水学上的建寺要求：以灵峰山主峰即原大瓶壶山为座山，左右山脉为屏障，前有灵鹫山作案山，南北山道汇集于案山前。2. 光绪《镇海县志》卷三六《寺观》引《灵峰志》载，灵峰禅寺在"明崇祯十三年僧觉明重建，易南向。国朝康熙二十三年僧自开重建；四十年僧圆常建钟楼及山门"。从这段文字可以看出，明末在宋元时期寺院原址之上重建时，可能为扩建的位置所限而改易南向；清代康熙年间重建时，寺院范围又进一步扩大，始建钟楼、围墙及山门。但这两次重建（扩建）皆未见易址的记录。3. 民国《镇海县志·灵峰山图》（图二）明确标注灵峰寺在大瓶壶山之山腰处。4. 根据寺下村民的口碑调查，灵峰禅寺一直就在原址，未见另有旧址的传说。5. 就现寺与李昌裔《山寺形胜记》相对照，多数都能找到相对应的位置。诸如："寺后有屬潭""寺旁有甘泉"，其位置当在现寺最吉祥殿的西北角，现将潭口砌成了方形井状，内安一龙头，溪水从石罅流经寺旁，称之甘泉（图版一，3）；"寺下有岩，曰'七佛岩'"，其位置当在现寺第一级平台雕龙的照壁左侧山体，现已被改造；"岩下有池，曰'丹池'，亦曰'丹井'"，其位置即现寺第二级平台的水池；"池下有壑，壑水潺湲不绝，壑旁为山径，左折右曲……至水口更镇以日月两山，俨然堂室之有门户焉"，其位置在现寺石砌山门外，两侧山体被开阔，中间沟壑被填埋，砌上了花岗石台阶（图版一，4）。谢兆昌《重修记》所言"将及巅，两崖束若门，中通一道水"说的也是这里，"将及巅"就是说从这个位置将要到达山巅的寺院。"山径"即灵峰岭，在左侧上灵峰禅寺的山体上，现石砌道已毁。今人上灵峰寺，车可直放半山腰的停车场，而古人从山麓上灵峰禅寺，要经过"Z"字形的七个弯（当地人称七个蛳螺缠），这与《山寺形胜记》"九曲而上""左折右曲"和《重修记》"曲折而上"诸语正相吻合。"镌字于石者，为'灵鹫峰''七佛岩''佛国山''善财岩'"，其位置当在上山道的左侧山体处，经调查，因当年修建花岗石台阶时将两侧山体及古道破坏，上述诸字现已不见，但尚保存有其他约20厘米见方的小字，如"南无本师释""拘留孙佛""俱那含牟尼佛""增长天王"等（图版一，5~8）。

第三，发现了一批具有一定价值的人文胜迹。本次调查除上述之土墩墓、土墩石室墓、可能为"佛国山"遗迹的形如弥勒佛坐像的岩石堆，以及"南无本师释""拘留孙佛""俱那含牟尼佛""增长天王"等石刻外，在灵峰山主峰及其周边还发现了一批虽与灵峰禅寺无直接关联但仍具有一定价值的人文胜迹，主要包括：1. 岭道遗迹。上灵峰禅寺原有两条石砌古道：南道从宝幢同岙经铁佛寺、七塔寺塔院过鱼山岭到灵峰；北道沿途由云麓禅寺、永福禅寺经灵峰岭到灵峰。南北二道汇合于灵峰禅寺下的灵鹫山（现停车场）处，道上有"四望亭"供休息。从凉亭拾级而上灵峰禅寺，一边是劈山岩体（现花岗石台阶北侧山体），一边是山溪沟壑（现花岗石台阶位置），道旁树立石护栏。上山至半道，折南有一块平台（现石砌山洞门前），有"清岚凉亭"（一说

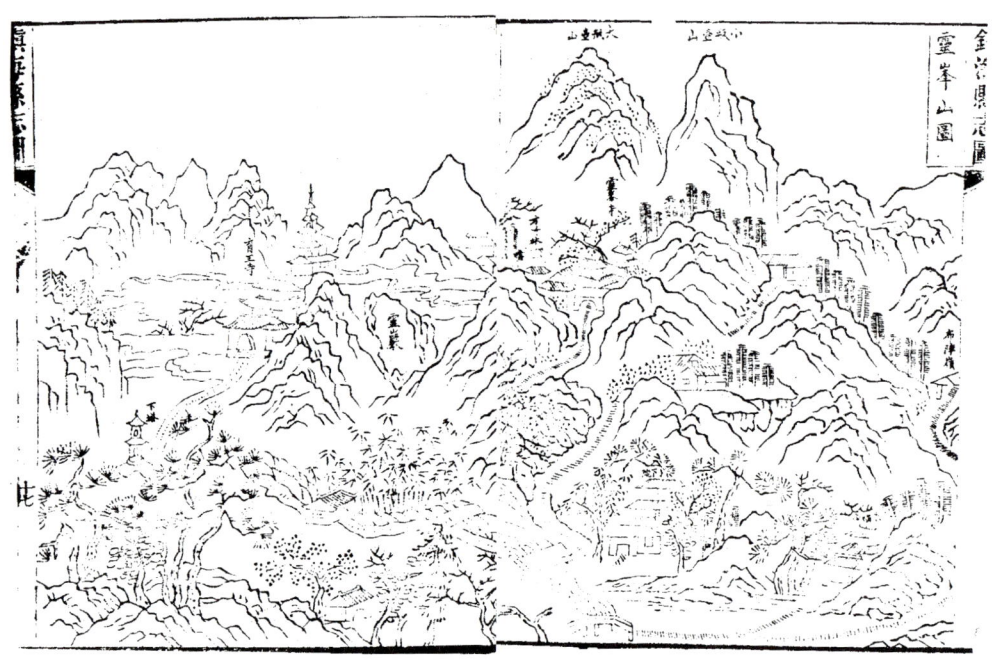

图二

图版一,3:"寺后有鼋潭"现状

图版一,4:"池下有堑"现状

图版一,5:"南无本师释"石刻

图版一,6:"拘留孙佛"石刻

图版一,7:"俱那含牟尼佛"石刻

图版一,8:"增长天王"石刻

图版一,9:地母殿"天父地母"石刻

土地庙),凉亭右侧有山溪,过溪有石桥,桥下溪坑落差较大,水流如瀑布。过溪转西不远就进山门,山门上匾"第一灵山",下匾"灵峰寺"。山门前有放生池(现址)。再拾级而上即至灵峰禅寺前的天王殿,天王殿后又有大雄宝殿,最后是葛仙殿。因灵峰禅寺重建时比原寺址有所扩大,寺后山体和寺前山道都有很大程度的开阔,致使原有的一些遗迹遭到了不同程度的破坏,但调查时发现至今仍有部分岭道可以通行,如灵峰岭、鱼山岭、欢喜岭、缸窑岭、布阵岭、孝顺岭、石城落岭等。2.地母殿遗迹。位于灵峰岭的崇冈下,据传毁于"文革",调查时发现有较大范围的石墙遗址和刻有"天父地母"字样的门楣石(图版一,9)及一些石雕,雕工精细,另有橱间及水池。3.灵峰山十二景。光绪《镇海县志》谓灵峰山有十二景,调查发现了"丹井流香""寺后蜃潭""横门玉案"(灵鹫山)和"孤峰卓笔"(小瓶壶山正笔峰)等景。这些人文胜迹的发现,对今后灵峰山与灵峰寺的开发建设与保护管理无疑具有一定的参考价值。

附记:参加本次调查工作的有宁波市文物考古研究所王结华、丁友甫、张华琴,北仑博物馆冯毅、王太一和山东省聊城市文物局技工刘文平等人。北仑区委宣传部楼宏斌部长,灵峰寺方丈可善大师、王清源师傅,北仑区大碶街道林头方村长者俞道斌、王世根、王永安等人为调查工作提供了许多支持和有用信息,在此一并致谢。

(执笔:张华琴、丁友甫)

浙江宁波北仑大碶璎珞东汉墓葬与五代窑址发掘简报

宁波市文物考古研究所　北仑博物馆

2013年4月至8月，为配合宁波市轨道交通1号线二期工程育王岭隧道建设，宁波市文物考古研究所联合北仑博物馆对位于宁波市北仑区大碶街道璎珞村旁四眼坑山下的一批古代墓葬和窑址进行了抢救性考古发掘（图一），共清理不同时期墓葬9座（编号M1~M9），五代窑址3座（编号Y1~Y3）、灰坑1个（编号H1）。现将此次发掘的主要成果做一简要报告。

一、墓葬

本次发掘的9座墓葬均位于四眼坑山山脚下，除M2保存相对较好外，余皆为历年取土破坏殆尽或遭严重盗扰，其形制结构及时代特征难以辨识。现将M2介绍如下：

M2为竖穴木顶砖椁墓，平面近方形，方向320度，西南角被M1打破。除北壁被取土毁坏外，其余均保存完好，未遭盗掘。墓坑开口长3.4米，宽3.3米，距地面仅

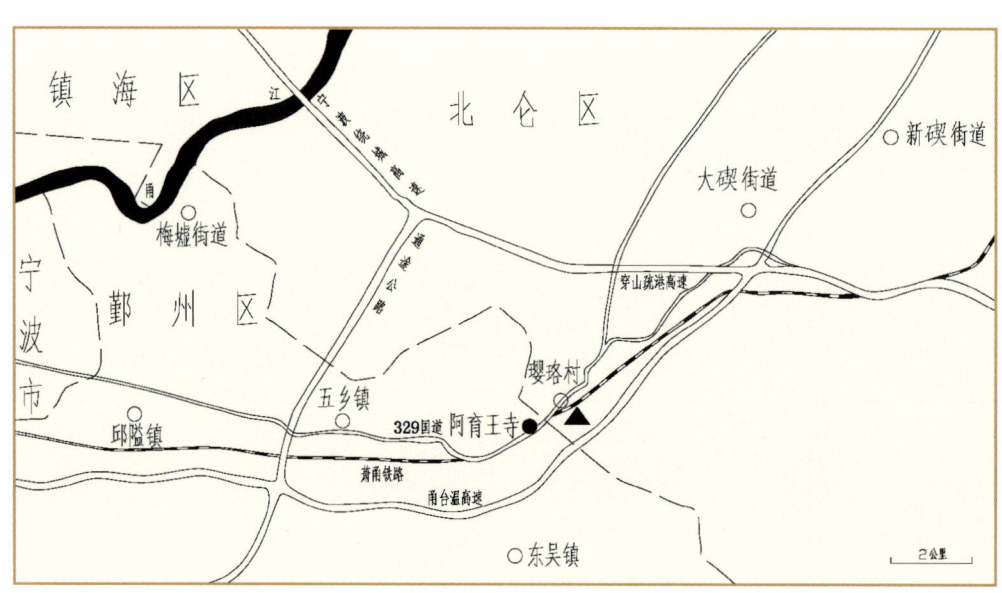

图一　墓葬、窑址地理位置示意图

0.4米,深2.2米。墓室长3.12米,宽3.08米,深1.24米,顶部木板已不存。墓墙为双砖横竖错缝平砌,转角咬合,只有西墙顶层墓砖砌法为两竖一横,砖缝皆用黄泥黏合。墓室底部的铺地砖为单层双砖横竖平铺,保存完好(图二)。

墓室内葬具不明,在墓底东西两侧均发现有红色漆皮痕迹和铁棺钉,未发现骨架,葬式不明。墓砖皆为青灰色,素面,长27厘米,宽13厘米,厚4.5厘米。从棺钉、漆皮、随葬品数量和分布位置来看,该墓应为夫妇同穴合葬墓。

M2共出土16件(组)随葬品,保存较好。分别介绍如下:

硬陶罍2件。形制基本相同。敞口,斜唇,广肩,鼓腹,最大径在中腹以上,下腹斜内收,平底微内凹,通体拍印栉齿纹。标本M2:1,口径24.4厘米,腹径36.6厘米,底径16厘米,高28厘米(图三,11;图版一)。标本M2:2,口径22.6厘米,腹径35.2

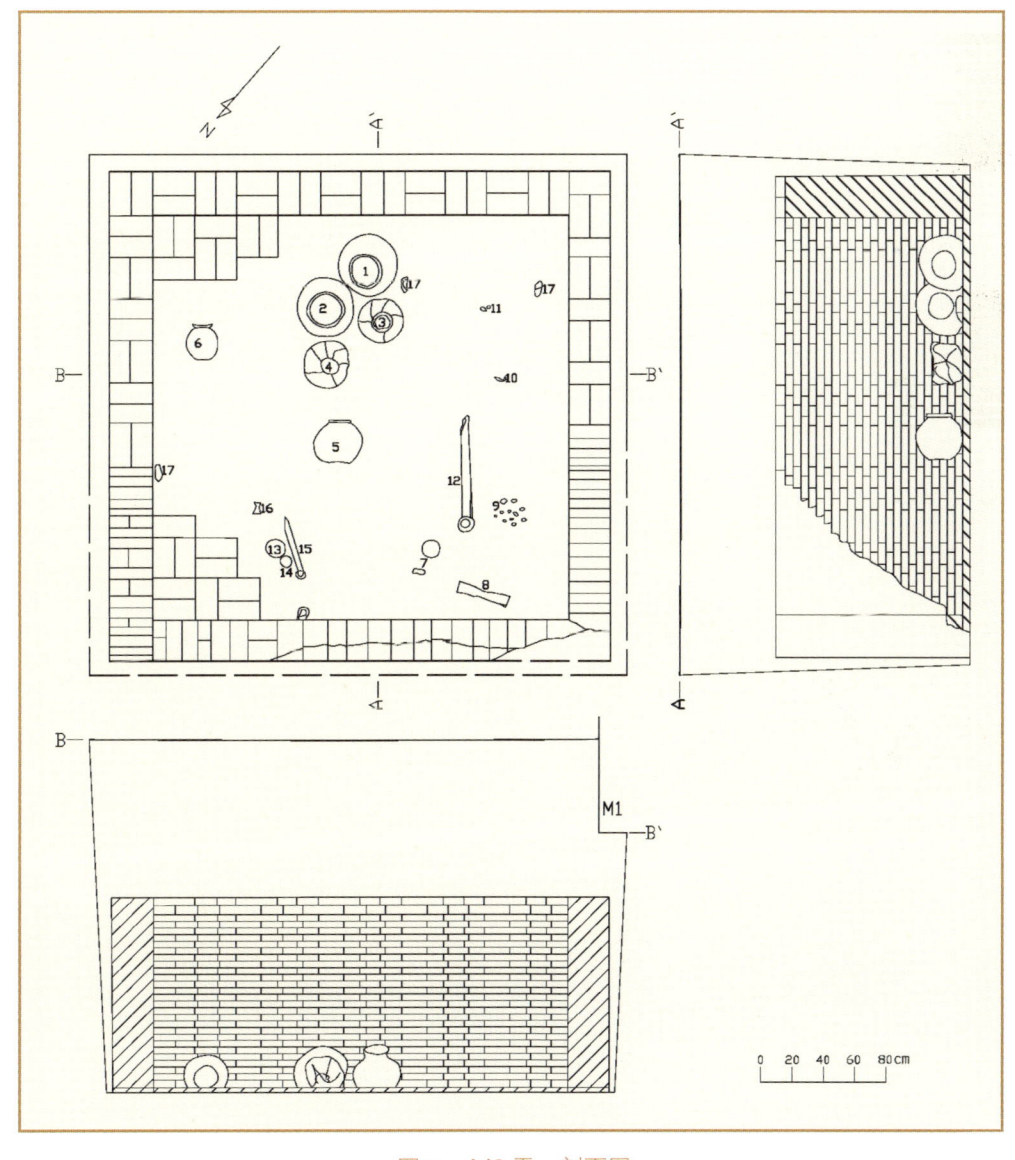

图二：M2平、剖面图

厘米,底径 16.8 厘米,高 27.8 厘米(图三,1)。

硬陶瓿 1 件。标本 M2:5,敛口,斜方唇,溜肩,肩部贴附桥形耳,鼓腹,最大径在中腹,平底。肩部饰三圈细弦纹,以下为密集的瓦棱状弦纹,耳面饰叶脉纹。口径 15 厘米,腹径 26 厘米,底径 14 厘米,高 24.5 厘米(图三,5)。

硬陶杯 1 件。标本 M2:14,直口微侈,圆唇,近底部斜收,平底微凹。口径 5.4 厘米,底径 4.2 厘米,高 4.9 厘米(图三,10)。

釉陶罐 1 件。标本 M2:6,敞口,方唇微凹,溜肩,肩部贴附桥形耳,鼓腹,最大径在中腹,平底微内凹。口沿以下饰密集的瓦棱状弦纹,耳面饰叶脉纹。通体施酱黄色釉,部分已脱落。口径 15.6 厘米,腹径 22.2 厘米,底径 11.2 厘米,高 19.4 厘米(图三,15;图版二)。

泥质灰陶罐 2 件。形制基本相同。敞口,斜方唇,溜肩,肩部贴附桥形耳,鼓腹,最大径在中腹,底残。肩、腹部饰密集的瓦棱状弦纹,底部饰绳纹。标本 M2:4,口径 12 厘米,腹径 29.8 厘米,高 26.2 厘米(图三,3)。标本 M2:3,口径 11.6 厘米,腹径 26.2 厘米,高 25.6 厘米(图三,12)。

铜镜 2 枚。圆形,半圆钮,圆钮座。标本 M2:7,简化规矩纹镜,窄素缘,镜背以一周栉齿纹为界,分为内外两区,内区饰规矩纹和蟠螭纹,外区饰一周双线波折纹。直径 10.1 厘米,边缘厚 0.5 厘米,钮径 1.6 厘米,钮高 0.8 厘米(图三,2;图版三)。标本 M2:13,八连弧云雷纹镜,钮外饰重圈,宽素缘。镜背以一周栉齿纹为界,分为内外两区。内区饰减地式内向八连弧纹一周,连弧相交处饰简单的草叶纹;外区饰栉齿纹、圆圈涡纹与对置的双重三角纹。直径 11.2 厘米,边缘厚 0.5 厘米,钮径 1.6 厘米,钮高 0.6 厘米(图三,4;图版四)。

铜钱 1 枚。标本 M2:11,锈蚀严重,已酥粉,仅残存一小块,从锈蚀痕迹可以看

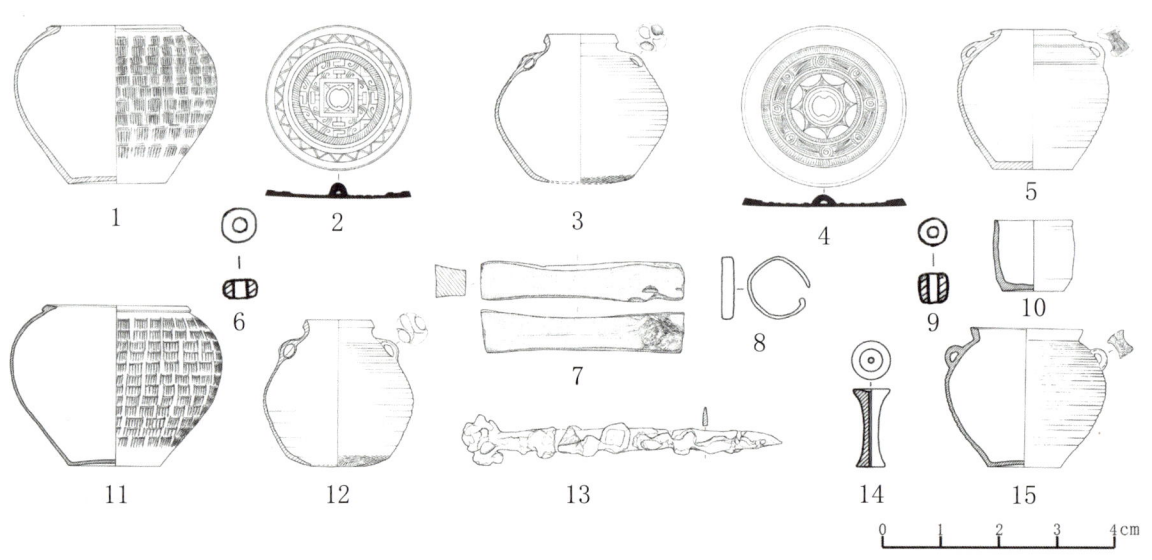

图三:M2 出土随葬品

图版一：硬陶罍（M2：1）

图版二：釉陶罐（M2：6）

图版三：铜镜（M2：7）

附录

图版四：铜镜（M2：13）

图版五：耳珰（M2：16）

出为圆形方孔钱。

铁刀2件。均锈蚀严重,已断为数节。标本M2:12,通长约52厘米(图三,13)。另1件长度已难确认。

银戒指1枚。标本M2:10,环形,由银片卷曲而成,锈蚀。直径2厘米,指圈宽0.4厘米,厚0.1厘米(图三,8)。

砺石1件。标本M2:8,砂石质。长条形,中间微凹,四个面打磨光滑,两端粗糙,一端稍残。长35.7厘米,宽6.8厘米,高6.4厘米(图三,7)。

耳珰1只。标本M2:16,蓝色琉璃质。喇叭形,两端尺寸不同,大端打磨光滑,并有凹面,小端粗糙。高2.7厘米,两端直径1~1.3厘米,孔径0.2厘米(图三,14;图版五)。

料珠1串。标本M2:9,已散落,共发现14粒。蓝色琉璃质。大致呈圆柱形,中间穿孔。直径0.4~0.5厘米,高0.4~0.6厘米,孔径0.2~0.3厘米(图三,6、9)。

二、窑址

1. 地层堆积

本次发掘的3座窑址均位于四眼坑山下的二级台地上,发掘时共在此地布设了5个探方,窑址均开口于发掘探方第③层下。现以T2南壁为例介绍地层堆积情况(图四):

第①层:耕土层。厚0.25~0.3米,灰褐色土,土质疏松,含大量腐殖质和果树根系。

第②层:黄褐色土层。厚0.2~0.4米,土质较硬,包含有少量石块、砖块、红烧土块和青花瓷残片。

第③层:红褐色土层。厚0.1米,包含有大量的红烧土块、碎砖块和青瓷残片。Y1即开口于该层下。

第③层下为红褐色生土。

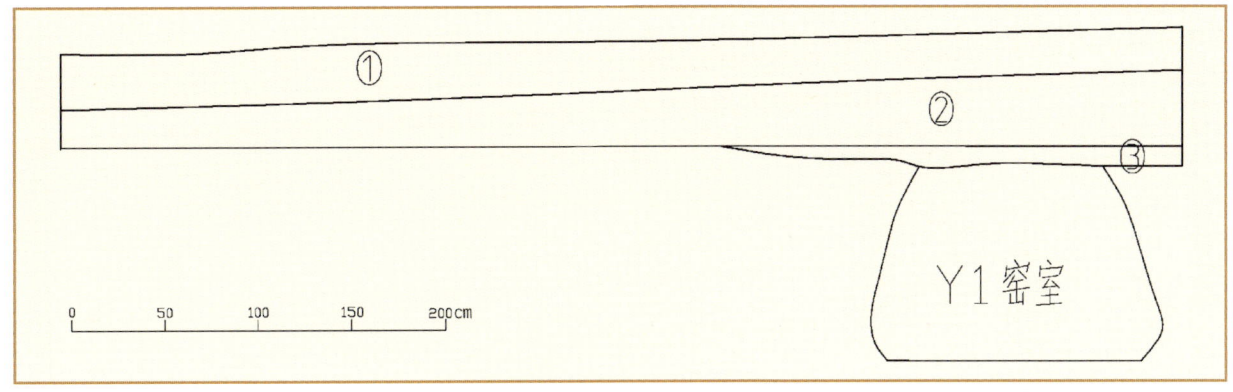

图四:T2南壁剖面图

2. 形制结构

发现的3座窑址形制基本相同，其中Y1和Y3保存相对较好，分别介绍如下：

Y1　开口于发掘探方T1和T2的第③层下。平面近圆形，由操作坑、火门、窑室和烟道组成（图五）：

（1）操作坑：系窑门外与窑门相接的一个不规则的长方形坑，供窑工烧窑操作之用。坑南北长1.1米，东西宽1.44~1.8米，深0.8米，坑口距现地表0.5米，坑底较平，在窑门外有一小斜坡。坑内堆积中上部包含大量烧土块，底部有一层厚约0.1米的木炭灰。在坑的东侧有一土台，土质坚硬，长约1米，宽约0.3米，表面光滑，中部微凹，推测供窑工蹲坐之用。

（2）火门：与火膛相连，呈拱形，进深0.3米，宽0.4米，高0.32米。门底横铺一排土坯，表面覆盖一片陶瓦，均烧结坚硬，土坯黏成一团，无法分辨数量和尺寸。

（3）窑室：底部平面前为扇形，后近圆形，呈馒头状，口大底小，窑顶已不存，自窑门内侧至窑室后壁上口长2.7米，宽2.38米，底部长2.4米，宽2.2米，最高处高1.1米。现存窑室系原生土掏挖而成，底部和四周窑壁长期经火烤烧成青灰色。填土堆积中包含大量红烧土、碎砖块和瓦片，其中以砖块最多。

窑室内前部为火膛，后部为窑床。火膛平面呈扇形，口大底小，坑壁斜弧，坑底下凹，深0.28米。北壁与火门洞相连，南壁紧贴窑床，两侧与环形火道连接。窑床平面略近圆形，底部较平坦，表面光滑平整，南北长1.54米。

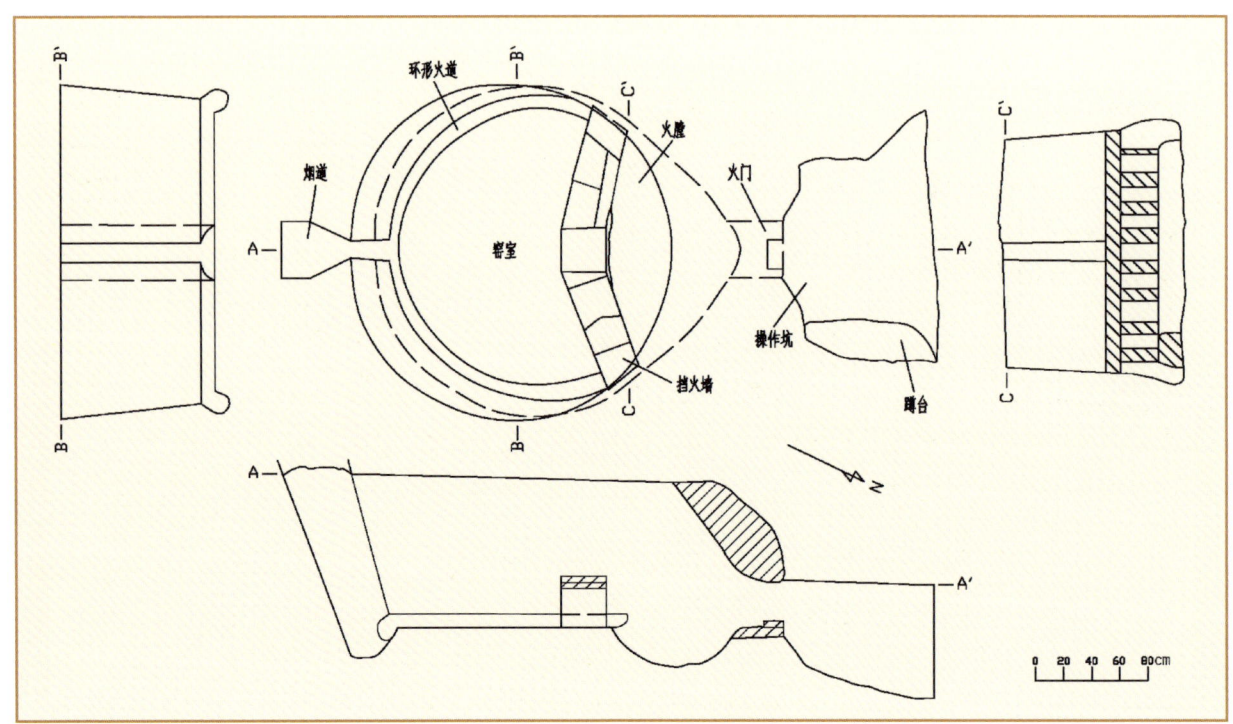

图五：Y1平、剖面图

窑床的前端设有挡火墙和环形火道。挡火墙系用长 0.28 米，厚 0.1 米，高 0.26 米的土坯竖砌 8 道而成，其上再用厚 0.5 米的土坯横盖两层，两端紧贴窑壁，共形成 7 个火眼和 2 个环形火道相通的 9 个进火口。环形火道系沿窑床周壁向外掏出直径约 0.16 米的圆形洞而成。前与火膛相连，后与烟道相通。

（4）烟道：位于窑室后壁中央，在南壁内侧中央掏挖有宽 0.14～0.4 米，进深 0.36～0.5 米，残高 1.3 米的喇叭形吸烟道。窑室外的出烟道已被破坏无存。烟道下与环形火道相连。

Y3 开口于发掘探方 T5 的第③层下。平面近圆形，由操作坑、火门、窑室和烟道组成（图六）：

（1）操作坑：系窑门外与窑门相接的一个不规则形坑，供窑工烧窑操作之用。坑南北长 1.54 米，东西宽 0.9～2 米，深 0.94 米，坑口距现地表 0.36 米，坑底较平，在窑门外有一小斜坡。发掘时坑内堆积被编为 T5④层，其上部包含大量烧土块、碎砖块、瓦片和青瓷残片，底部有一层厚约 0.2 米的木炭灰。在坑的东侧有一土台，土质坚硬，长约 1 米，宽约 0.3 米，表面光滑，中部微凹，推测亦为供窑工蹲坐之用。

（2）火门：与火膛相连，呈拱形，进深 0.4 米，宽 0.4 米，高 0.42 米。门底横铺一排土坯，均烧结坚硬，土坯黏成一团，无法分辨数量和尺寸。

（3）窑室：底部平面前为扇形，后近圆形，呈馒头状，口大底小，窑顶已不存，自窑门内侧至窑室后壁上口长 3 米，宽 2.76 米，底部长 2.74 米，宽 2.2 米，最高处高 1.4 米。现存窑室系原生土掏挖而成，底部和四周窑壁长期经火烤烧成青灰色，填土堆积中包

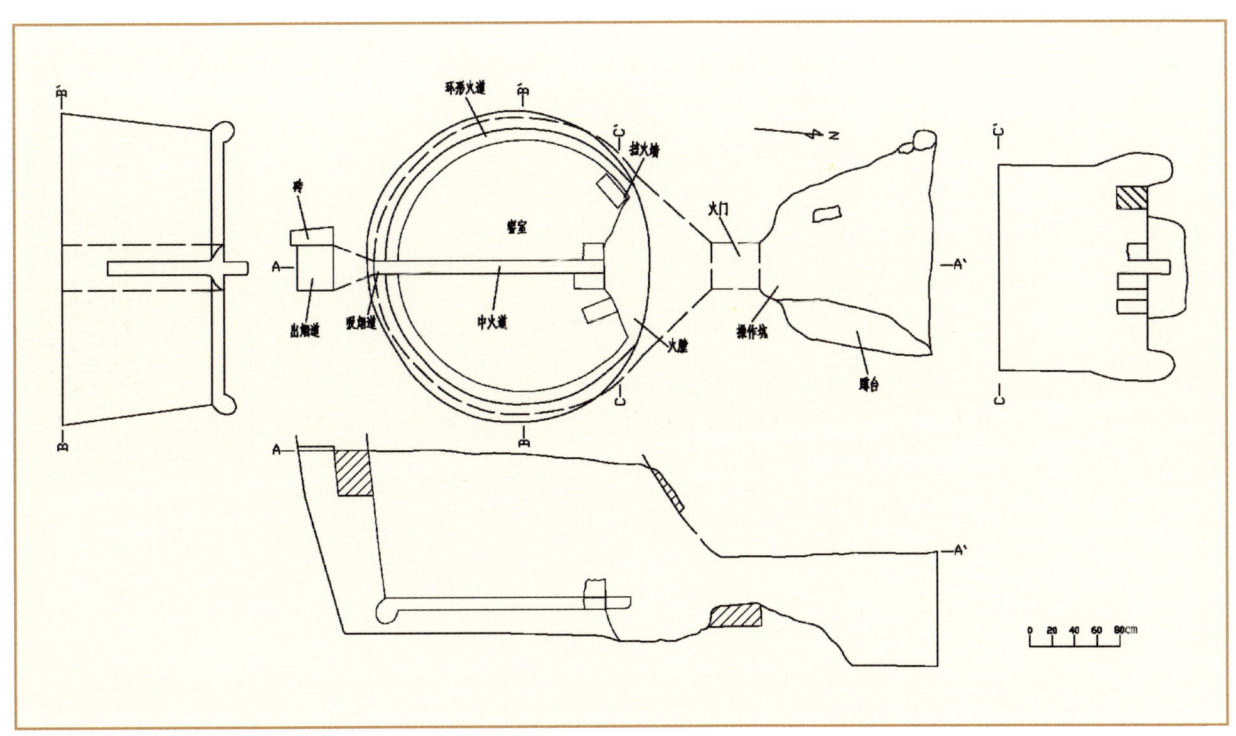

图六：Y3 平、剖面图

含大量红烧土、碎砖块和瓦片,其中以瓦片居多。

窑室内前部为火膛,后部为窑床。火膛平面呈扇形,口大底小,坑壁斜弧,坑底下凹,深 0.28 米。北壁与火门洞相连,南壁紧贴窑床,与中火道相通,两侧与环形火道连接。窑床平面略近圆形,底部较平坦,表面光滑平整,南北长 1.8 米。

窑床的前端设有挡火墙和火道。挡火墙已被毁坏,仅存四块土坯,长 0.26 米,厚 0.14 米,高 0.26 米。火道分为中火道和环形火道。中火道系在窑床中央向下掏挖而成,长 2 米,宽 0.12 米,深 0.2 米。环形火道系沿窑床周壁向外掏出直径约 0.16 米的圆形洞而成。前与火膛相连,后与烟道相通。

(4)烟道:位于窑室后壁中央,在南壁内侧中央掏挖有宽 0.12~0.4 米,进深 0.42~0.58 米,高 1.2 米的喇叭形吸烟道。窑室外的出烟道平面呈长方形,长 0.4 米,宽 0.3 米,残高 0.44 米。出烟道外西侧有一长 0.36 米,宽 0.16 米,厚 0.04 米的土坯,应为砌筑出烟道所用。烟道下与环形火道相连。

3. 出土遗物

发现的 3 座窑址和发掘的 5 个探方中出土遗物主要为瓷器、砖块和瓦片,分别择要介绍如下:

瓷器可分为青花瓷和青瓷两种。其中青花瓷均为碗,青瓷器主要有碗、罐、壶、盒等。

青花碗 4 件。侈口,圆唇外翻,圈足,底胎有爆裂现象。标本 T5②:1,内底饰两道弦纹和折枝花卉,外壁饰折枝花卉和一圈变形花草纹,口沿内外各饰一道弦纹。口径 15.4 厘米,足径 6.1 厘米,高 6.5 厘米(图七,12)。标本 T5②:2,外壁饰一圈缠枝花卉。口径 14.4 厘米,足径 5.2 厘米,高 6.3 厘米(图七,11)。

青瓷碗 23 件。敞口或侈口,尖圆唇,斜弧腹,圈足,素面,灰胎。根据腹部和底足的变化可分为三式:

Ⅰ式 9 件。深腹,宽矮圈足,釉色青黄,局部釉面剥落较多,圈足内、外底均有松子状泥点支烧痕迹。标本 T5④:1,口径 19.4 厘米,足径 9.4 厘米,高 5.5 厘米(图七,5)。

Ⅱ式 8 件。浅腹,圈足较高。标本 T2③:4,内、外壁遍施黄褐釉,圈足外底有三个泥条支烧痕。口径 11.4 厘米,足径 4.6 厘米,高 4.2 厘米(图七,3)。标本 T2③:5,内、外壁遍施青绿釉,圈足内有四个泥条支烧痕。口径 12 厘米,足径 4.6 厘米,高 4.3 厘米(图七,2)。

Ⅲ式 6 件。深腹,高圈足,外底有垫圈痕。标本 T2③:1,内、外壁遍施青黄釉,外壁釉层剥落严重。口径 12.4 厘米,足径 5.7 厘米,高 6.6 厘米(图七,1)。标本 T2③:2,内底有一周凹弦纹。口径 12 厘米,足径 5.4 厘米,高 6.1 厘米(图七,4)。

青瓷罐 4 件,仅存口沿和底部。标本 T5④:8,侈口,圆唇,下腹斜收,钮残。灰胎,内、外壁遍施青黄釉,外壁釉色薄而不均。口径 20.2 厘米,残高 8.6 厘米(图七,10)。

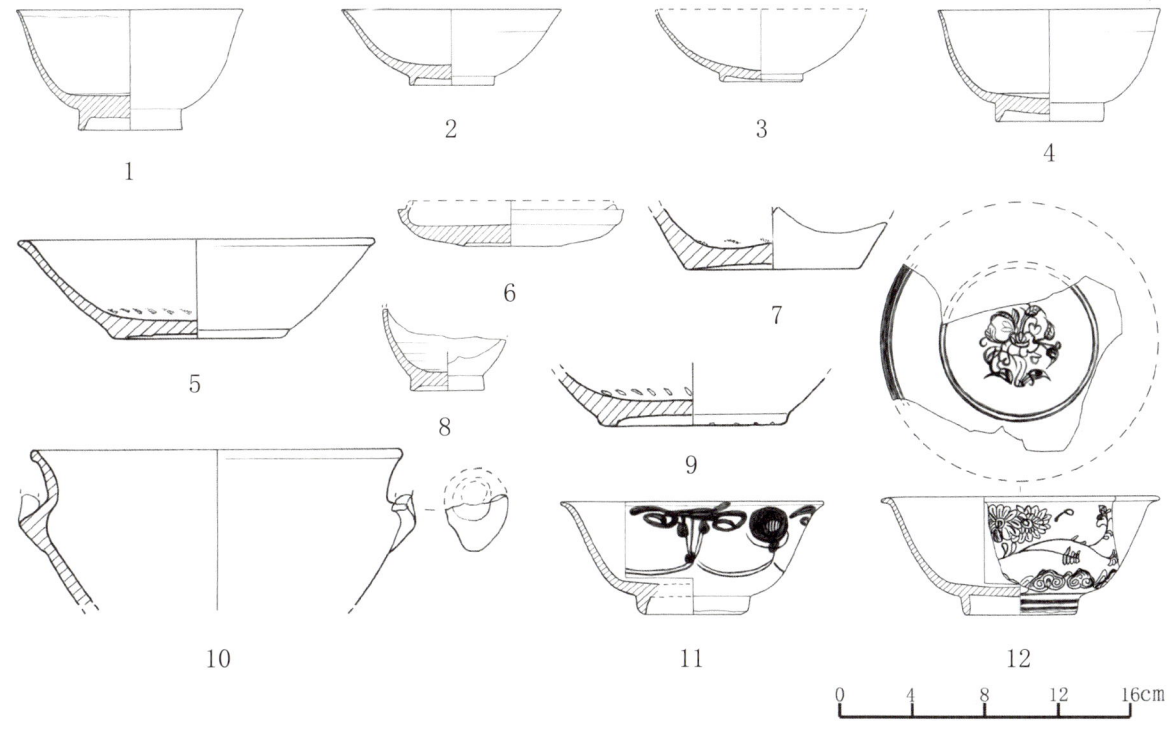

图七：地层和灰坑出土瓷器

青瓷壶 2 件，仅存底部。标本 T2③：11，下腹外壁刻有竖线纹。灰胎，内、外壁遍施青绿釉，施釉不及底，外有垫圈痕迹。足径 8.1 厘米，残高 9.1 厘米（图七，8）。

青瓷盒 1 件，仅存盒身。标本 T2③：6，子口残存一角，盒盖缺失。灰胎，内、外壁遍施青绿釉，足内有垫圈痕迹。口径 12.2 厘米，足径 5.5 厘米，残高 2.3 厘米（图七，6）。

砖。长方形，灰色，素面，数量较多，大多残缺不全，完整者极少。有的火候过高导致烧坏变形，有的火候过低而未烧熟。砖的长度在 27 厘米以内，宽度均大于 10 厘米，厚度在 2.7~3.9 厘米。标本 Y1：2，一端有菱形凹槽，内戳印反书的"兄弟（？）"二字。长 26.7 厘米，宽 13.1 厘米，厚 3.8 厘米（图八，6）。标本 Y1：6，残长 14.4 厘米，宽 10.1 厘米，厚 3.9 厘米（图八，2）。标本 Y2：5，长 24.8 厘米，宽 12.2~12.8 厘米，厚 3.1~3.4 厘米（图八，1）。标本 Y2：8，四块变形的砖黏结在一起，每块砖长 23 厘米，宽 10.3 厘米，厚 3.2 厘米（图版六）。

瓦。数量较多，灰褐色，外壁素面，内壁模印布纹。大多残缺不全或火候过高导致烧坏变形，仅 1 件保存相对完整。标本 Y1：4，残长 18.6 厘米，残宽 14.7 厘米，厚 1.5 厘米（图八，5）。标本 Y3：4，残长 12.5 厘米，宽 17.4 厘米，厚 1.4 厘米（图八，4）。标本 Y3：5，长 22.8 厘米，宽 19.5 厘米，厚 1.4 厘米（图八，3）。

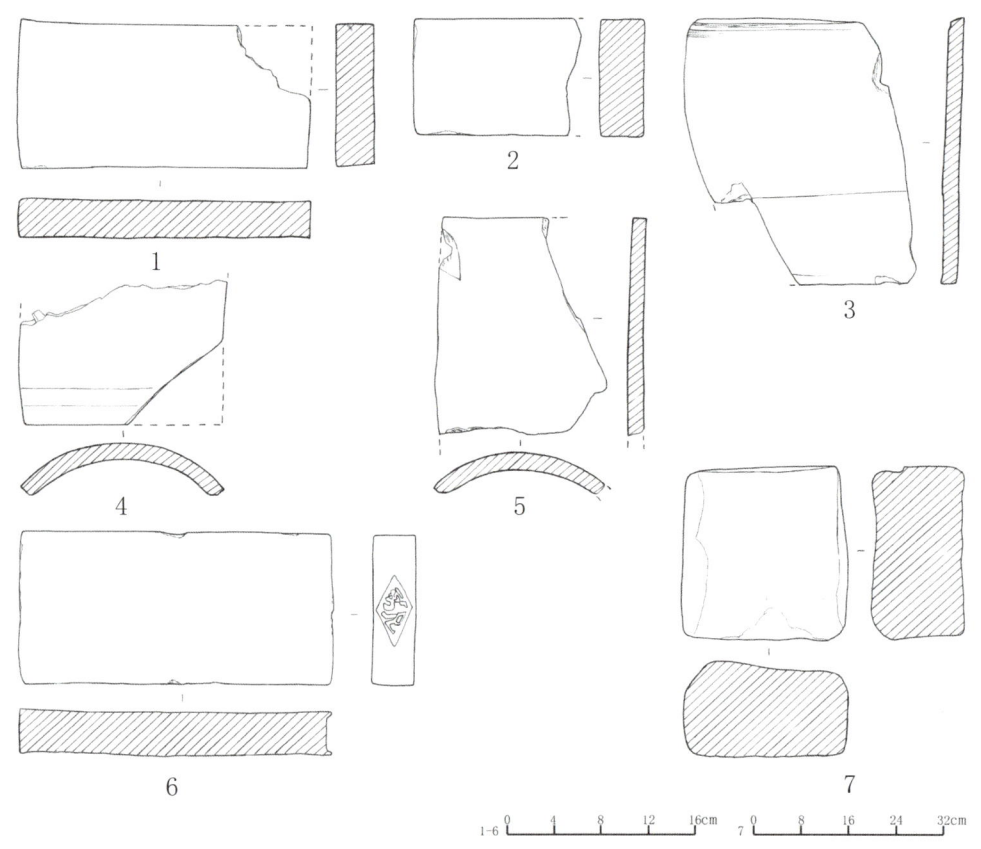

图八：窑址出土砖、瓦

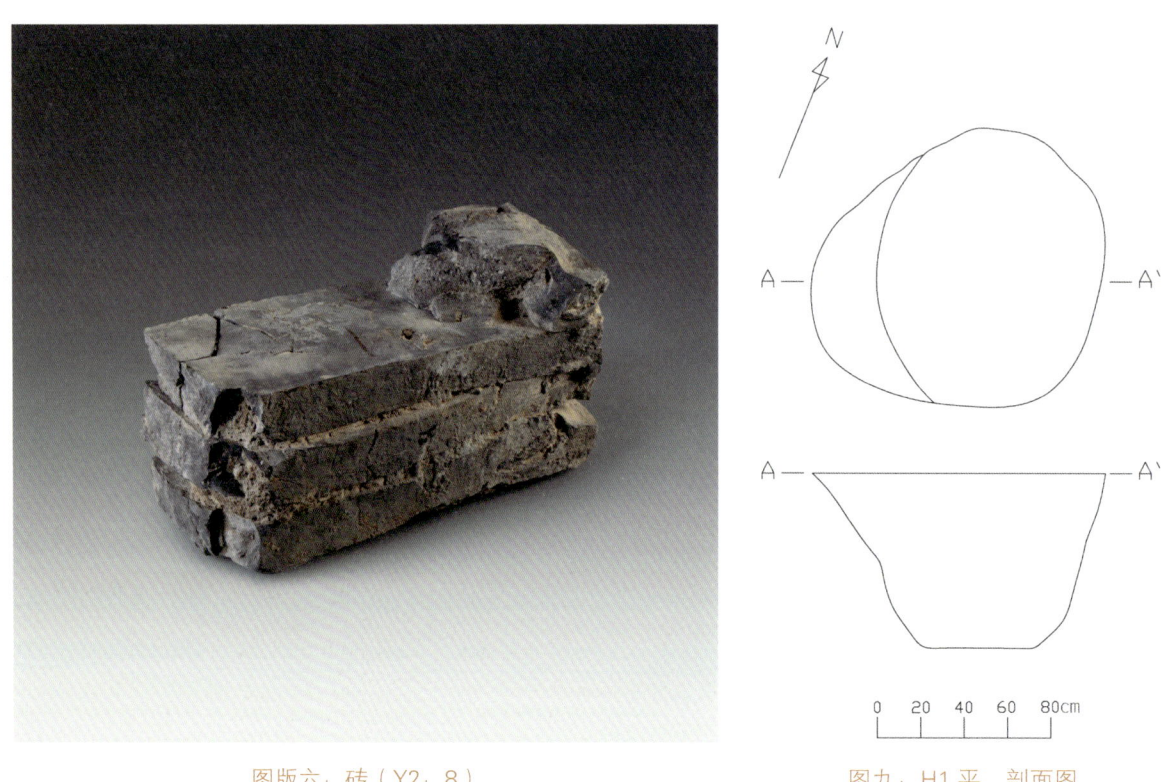

图版六：砖（Y2：8）

图九：H1 平、剖面图

土坯。应为挡火墙的组成部分，近方形，青灰色，经过多次火烧而变得坚硬，保存完整。标本 Y3:6，长 30 厘米，宽 28.4 厘米，厚 16.4 厘米（图八，7）。

三、灰坑

在 Y1 附近发现并清理灰坑一个，编号 H1。H1 开口于 T2 第③层下，距离 Y1 约 1.5 米，平面呈椭圆形，长径约 1.3 米，短径约 1.02 米，深 0.9 米。坑内填土为灰色，含较多青瓷片，器形主要有碗、盏、罐、壶和瓶等，可能为当时烧窑人的生活废弃物堆积（图九）。现将主要器类介绍如下：

青瓷碗 7 件，均残留底部。矮圈足，灰胎，内、外壁遍施青黄釉，内、外底有松子状泥点支烧痕迹。标本 H1:8，足径 10.2 厘米，残高 3 厘米（图七，9）。

青瓷罐 3 件，均残留底部。平底，灰胎。标本 H1:7，内、外壁遍施青绿釉，内、外底有松子状泥点支烧痕迹。足径 9.6 厘米，残高 3.4 厘米（图七，7）。

四、结语

本次发掘的墓葬大都保存不佳，仅 M2 基本完好地保留了下来，殊为难得。虽然该墓中未出土明确的纪年资料，但以往这种形制的墓葬在浙江地区并不少见，流行于东汉早期（王莽、光武帝和明帝时期），为典型的木顶砖椁墓[1]。宁波地区近年也发现了一些这种墓例，如鄞州姜山马岭山的 M32[2]、奉化白杜南岙林场的 M108 和 M170[3]，其器物形制、组合与 M2 基本相同，因此将它们的时代归入东汉早期应无疑问。需要指出的是，M2 出土的随葬品基本组合为罍、罐、瓿，缺乏常见的盘口壶或钟，产生这种差异的原因尚不清楚，还需积累更多的资料才能进一步探讨。

按：秦汉时期，在宁绍平原东部设有隶属于会稽郡的鄞、鄮、句章诸县，其中的鄮县县治据史料记载在今天的宁波市鄞州区宝幢一带。璎珞村与宝幢仅隔育王岭相望，当地东汉早期墓葬的发现对探讨鄮县地望及其经济发展状况有着一定的参考价值。

砖瓦窑址是本次发掘的另一重要收获。叠压窑址的地层和窑址操作坑中出土的青瓷器均可在慈溪寺龙口越窑遗址[4]中找到相同器物，这有助于我们判断窑址的废弃年代：T2③层中出土的Ⅱ式碗（T2③:4、T2③:5）分别与寺龙口 AⅡ式盏（T4⑤a

---

[1] 黎毓馨：《论长江下游地区两汉吴西晋墓葬的分期》，载于浙江省文物考古研究所编：《浙江省文物考古研究所学刊》，长征出版社，1997 年，第 258–295 页；黎毓馨：《浙江两汉墓葬的发展轨迹》，《东方博物（第 9 辑）》，2003 年，第 4–17 页。

[2] 宁波市鄞州区文物管理委员会、宁波市文物考古研究所：《浙江宁波市马岭山古代墓葬与窑址的发掘》，《考古》，2008 年第 3 期，第 31–45 页。

[3] 浙江省文物考古研究所、宁波市文物考古研究所、奉化市文物保护管理所：《奉化白杜南岙林场汉六朝墓葬》，《浙江汉六朝墓报告集》，科学出版社，2012 年，第 214–337 页。

[4] 浙江省文物考古研究所、北京大学考古文博学院、慈溪市文物管理委员会：《寺龙口越窑址》，文物出版社，2002 年。

:44)和BⅡ式盏(T7⑤b:51),盒(T2③:6)与寺龙口CⅠ式盒(T7⑤b:40)形制相同,时代相当于吴越国至北宋早期;Ⅲ式碗(T2③:1、T2③:2)与寺龙口BⅢ式盏(T2⑧a:34),壶(T2③:11)与寺龙口A型式执壶(T1⑥:47)形制相同,时代相当于北宋中、晚期。这说明③层的年代为吴越国、北宋时期。此外,T5④层出土的Ⅰ式碗(T5④:1)与寺龙口BⅠ式碗(T4⑦:4)形制相同,时代相当于晚唐时期,罐(T5④:8)与寺龙口AaⅠ式罐(T4⑤b:50)形制相同,时代相当于吴越国早、中期;H1虽未出土完整器物,但其碗、罐底部均有松子状泥点支烧痕,这是晚唐至吴越国时期越窑青瓷常见的装烧工艺特征。因此,我们认为这3座窑址的废弃年代应在吴越国早、中期,使用年代可上溯至晚唐时期。它们的发现,有助于我们了解当时的砖瓦制造工艺和窑作技术。

附记:参与此次发掘和资料整理的有宁波市文物考古研究所王力军、雷少、李泽琛,外聘技工肜海元、刘晓红和北仑博物馆毕显忠、贾昌杰等人。工地绘图肜海元;器物绘图刘晓红;电子制图雷少;摄影雷少、贾昌杰;文物修复肜海元;考古领队王力军。

(执笔:雷少、冯毅、毕显忠)

宁波北仑小港姚墅东吴、唐代纪年墓葬

宁波市文物考古研究所　北仑博物馆

2008年2月，宁波市北仑区小港街道姚墅村村民在该村东南钱家坟山南坡（图一）建设厂房时发现2座古墓，宁波市文物考古研究所和北仑博物馆在获悉这一情况后对现场进行了勘查，经报国家文物局同意后，于同年3月至4月对这2座墓葬（编号M1和M2）进行了抢救性清理发掘。现将发掘情况简报如下：

M1为砖室券顶墓，墓向240度。墓葬整体形制不明，仅残余墓室后半部。墓室残长4.25米，内宽1.6米，高1.9米。墓室两侧壁用单砖错缝平砌，砌至1.3米高处用刀形砖与平砖交错叠砌起券，最顶端以一行楔形砖合拢。墓室后壁先用"四顺一丁"之法平砌一组，再以"三顺一丁"之法平砌于两侧壁后。墓底平铺人字形地砖一层（图二）。墓葬用砖分三种：长方形砖，长38厘米，宽18厘米，厚5厘米；刀形砖，长38

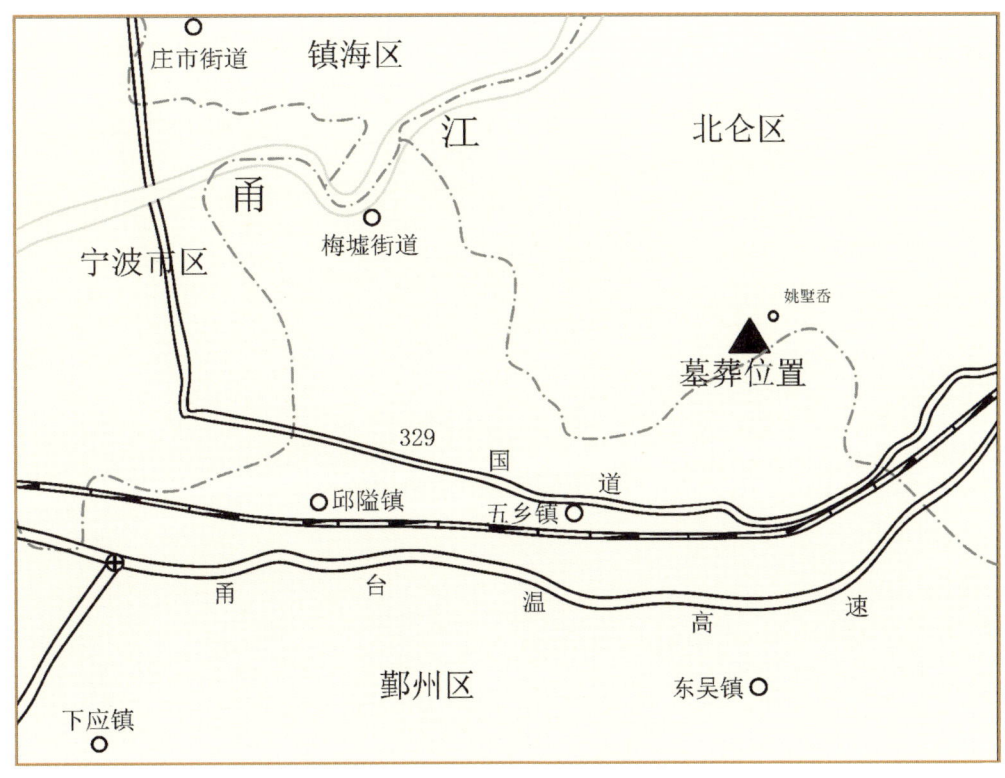

图一：墓群地理位置示意图

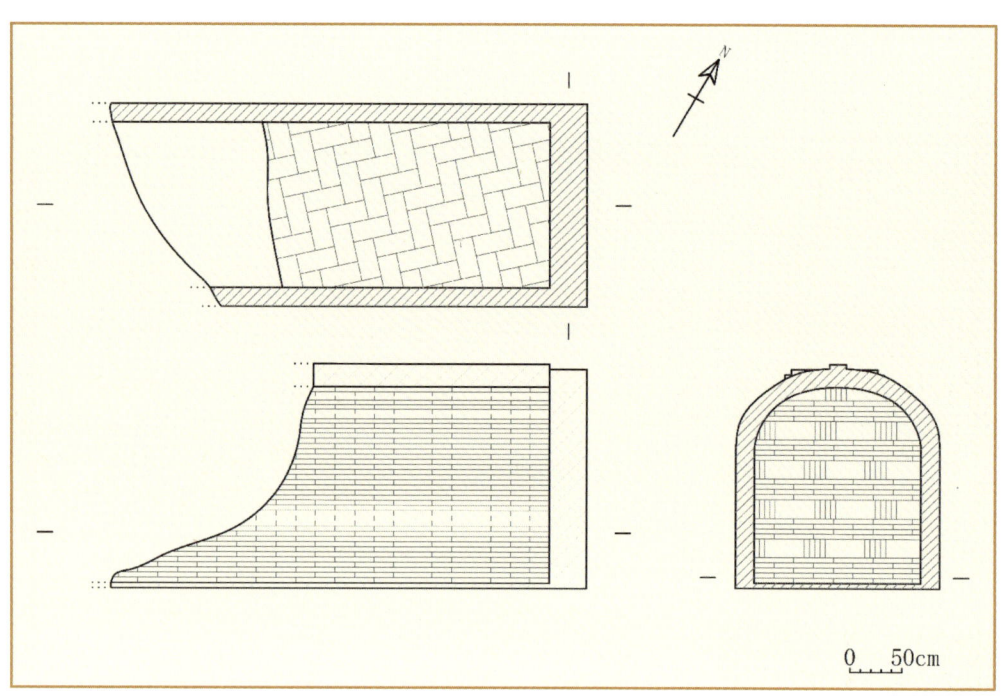

图二：M1 平、剖面图

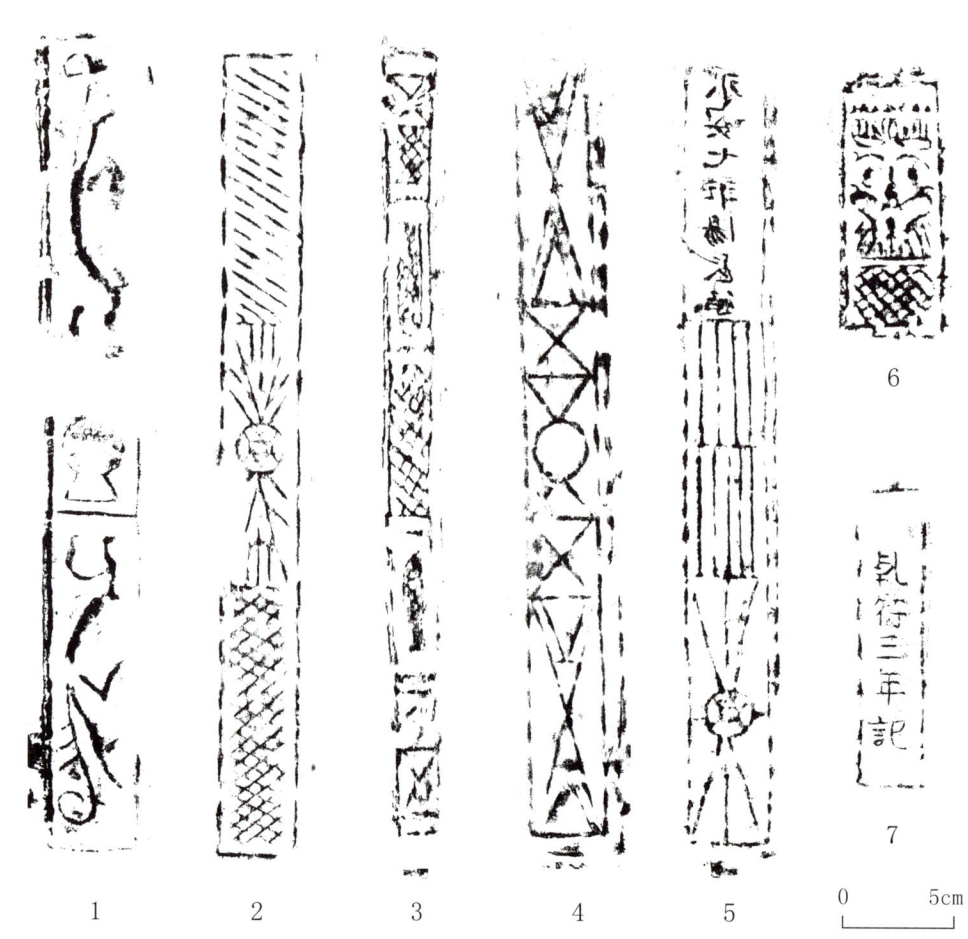

图三

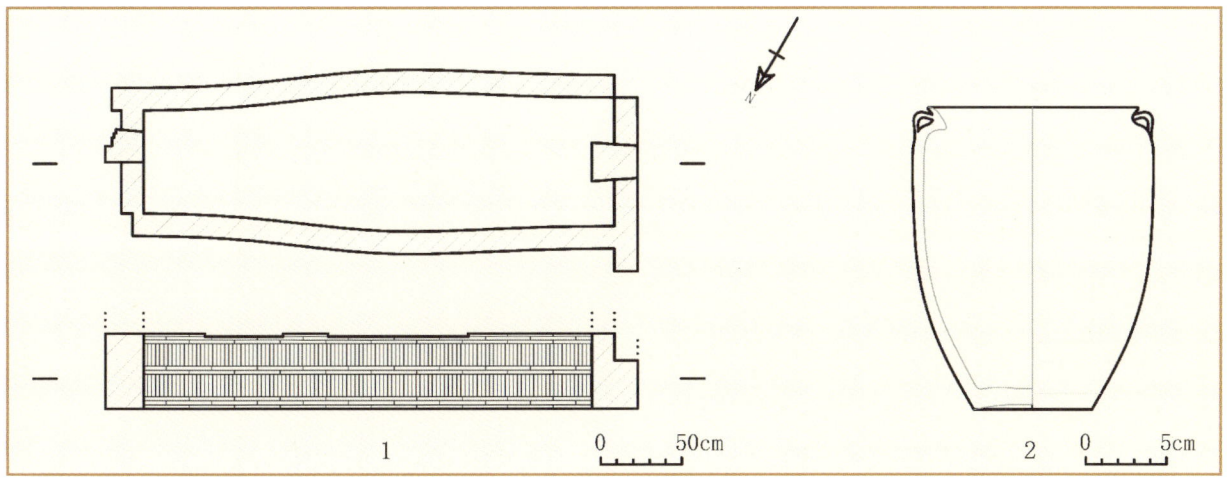

图四

厘米，宽18厘米，厚2.5~4.5厘米；楔形砖，长22厘米，宽14~16.5厘米，厚4.5厘米。长方形砖、刀形砖平面皆素面。侧面多饰有组合纹：或为白虎、钱币、朱雀组合纹；或为斜线、钱币、网格组合纹；或为三角、鱼纹、网格组合纹；或为三角、钱币组合纹。部分长方形砖侧面还见有阳文反书"永安七年杨□□"铭文。楔形砖端面则饰有兽面纹（图三，1、2、3、4、5、6）。墓室内葬具、骨架均不存，仅发现铜钱数枚。

M2为船形墓，墓向240度。墓室长2.9米，宽0.64~0.86米，残高0.57米。墓室两侧壁先以"三顺一丁"之法平砌一组，再以"两顺一丁"之法平砌。墓室后壁及封门中部均以丁砖砌成扇形，两端平砌。墓室顶部遭破坏，形制不明（图四，1）。墓葬用砖长28厘米，宽14厘米，厚2.5厘米。丁砖端面见有"乾符三年记"铭文（图三，7）。墓室内葬具、骨架均不存，仅发现瓷片数片，后经修复有双系罐一件——标本M2:1：侈口、圆唇、束颈、溜肩、弧腹斜收、平底微内凹，颈部置双系。器身施浅黄色釉。口径13厘米，高18.8厘米，底径7.4厘米（图四，2；图版一）。

图版一

此次清理发掘的两座墓葬均遭受过严重的盗扰和破坏，形制结构并不完整，随葬器物出土很少，但皆发现有确切的纪年材料。其中M1出土有"永安七年杨□□"铭文砖，历史上南方地区以"永安"为年号并沿用七年的只有东吴景帝孙休时期，因此"永安七年"

当为公元264年；M2出土有"乾符三年记"铭文砖，"乾符"为唐僖宗李儇年号，"乾符三年"即公元876年。这两座有着明确纪年墓葬的发现，为我们进一步研究宁波地区古代墓葬形制结构及其演变历史提供了一批新的材料。

附记：参加此次发掘与资料整理的有宁波市文物考古研究所李永宁、许超、陈勤国，北仑博物馆冯毅、毕显忠、陈卫立和陕西省咸阳市文物局技工解高民、刘占礼等人。工地绘图、文物修复解高民；摄影李永宁；考古领队李永宁。

（执笔：许超、毕显忠）

穿山疏港高速公路建设工程抢救性考古勘探与发掘通报

为配合穿山疏港高速公路建设，宁波市文物考古研究所自 2009 年 8 月起先后组织工作人员在北仑区郭巨镇、柴桥街道、霞浦街道及大碶街道进行了考古勘探与发掘。在霞浦街道陈华村、通山村和大碶街道吕鉴村一带发现了大量的古墓葬，并进行了考古发掘，取得重要收获。

这批古墓葬起于陈华村石灰岙，止于吕鉴村小横山，东西绵延近两千米，多分布在山间缓坡或台地上。2009 年 11 月至 2010 年 1 月，市考古所联合南京大学历史学系考古教研室、北仑博物馆对该墓群进行了第一次发掘；2010 年 3 月底至 5 月中旬，市考古所、北仑博物馆又对其进行了第二次发掘。两次发掘共清理出各历史时期墓葬 89 座，窑址 4 处，出土了铜、铁、陶、石、骨、琉璃等类器物 260 余件。

发现的 89 座墓葬大多为两汉至南朝时期的墓葬，可分为土坑墓和砖室墓两类。土坑墓有土坑木椁墓和土坑砖椁墓两种，除个别墓葬因取土破坏外，其余皆未被盗扰，出土了较多的历史文物。土坑木椁墓随葬器物组合多为鼎、罐、盒、壶、瓿、罍，流行于西汉中晚期至东汉早中期，土坑砖椁墓出土器物组合则为壶、罐、罍、泡菜坛、瓿等，流行于整个东汉时期。砖室墓大多被盗扰一空，残破严重，从平面形制看可分为长方形、刀形和凸字形墓三种，依据其出土遗物、筑造风格及用砖形制等特点，我们判断其大致处于东汉至南朝时期。

除此之外，唐、宋时期墓葬各发现一座，汉代砖窑、宋代砖瓦窑各发现两处。

这批古代墓葬的发掘，为研究该地区汉、六朝墓葬形制、埋葬习俗的特点及其发展变化轨迹、规律提供了又一批实物资料。土坑木椁墓→土坑砖椁墓→砖室券顶墓是两汉时期长江中下游地区墓葬形制发展变化的逻辑顺序。这一发展序列在本次发掘中再次得以验证，就具体墓葬而言，土坑砖椁墓不一定晚于土坑木椁墓，砖室券顶墓也不一定晚于土坑砖椁墓，新旧形制的墓葬在相当一段时间内是并行发展的。

此次发掘也是近年来市考古所联合国内知名院校进行的一次大规模发掘。在 2009 年度的发掘工作中，南京大学历史学系考古教研室由教师带队，先后组织了 7 名硕士研究生投入考古发掘工作。这种合作模式一方面提高了工作效率，保证整个发掘工作能够按时、保质地完成，另一方面高校也由此完成了田野考古教学任务，学生在获取田野发掘经验的同时对宁波地区的两汉墓葬材料有了深入的认识，为日后进一步的合作奠定了良好的基础。

土坑木椁墓

土坑砖椁墓

琉璃串饰

琉璃串饰

长方形砖室墓

鼎　　　　　　　　　　　　　　　　盒

盘口壶　　　　　　　　　　　　　　盘口壶

义成碶

一碶分镇陆海水,日拒两度风浪潮。

海碶是北仑沿海的特色水利风物。千百年来与海塘联手在茫茫的海岸线上组成一线抗潮长城,为保障地方生灵,种植稼穑而阻咸蓄淡,建立了不朽的功勋,被称为"水利锁钥"。

可海碶在封建社会却没有地位,代表旧中国最高文化的典籍《康熙字典》《辞源》《中华大字典》对其竟无收录。但海碶还是一如既往地屹立在海岸线上,忠诚厚朴地履行着自己的职责,为海疆的开拓与发展奠定了基础,在漫漫的历史长河中创造了独特文化,值得我们讴歌与礼赞!

北仑海碶及其人文影响

陈定荣

雨水孕育了生灵,江河造就了海疆。

北仑区域内的小浃江、岩泰河和芦江水系千万年来的冲击与沉淀,铺就了北仑的海疆。

历史上北仑人民在开发沿海过程中修建过漫长的海塘,在塘河的入海口建造起抗咸蓄淡的碶桥。它们组合成一条土著长城,屹立在海疆前线,抗御海潮的入侵。碶桥犹如长城的门墩,给内河入海提供了合适的通道。

当海塘与碶桥的外侧形成新的海滩,人们又去修筑新海塘时,旧塘便退役成大道，老碶也变成过桥，而海岸又向外扩展了一步。这是我们祖先开天辟地、围海造田的重要见证。塘、碶是海疆文化中关系密切的孪生兄弟，可以说，"有塘必有碶"，它们蜿蜒曲折地保卫着祖国沿海千百年。

北仑人民在开发海疆时，在海岸上修建过如王公塘、金公塘、石高塘等一道道海塘，又在塘河的入海口建造过如穿山碶、长山大碶、东岗碶、燕山碶、杨家碶、新碶、备碶、义成碶与算山碶等许多碶桥。

北仑沿海的碶桥历史绵长，内涵繁富，组成了多彩的碶事文化。

如有因碶改名的山。北仑西北部有一座碶头山，原来的名字叫算山，是因清代乾隆年间在这里建造了算山碶而改名的。可见碶的影响大过了山，因为它可以保障一方百姓水土的安宁。

也有因碶出名的乡村与市集。如北仑在明代建起了千丈塘，造有长山大碶、小山碶与贝碶，然后在碶头附近形成了大碶、小山与贝碶等村镇；民国《镇海县志》载有原泰邱乡的新碶市，因为建了碶，便立了市，即今天北仑的新碶老街。

因碶桥在海边，有海运鱼鲜之便，从而形成了集市贸易地。也由于古代的交通主要依赖河海的水运，所以碶桥边都建有出入河海的闸口。因此碶闸的建造地，不仅是陆海的冲要地，也是人们生活必需品的交流中心。

碶桥对陆海运输与海疆经济的发展起过积极的推动作用。

一、筑碶的缘由

我国原是一个稻作文明的国度，古代有神农氏以及众多与农事相关的传说。据考古发现，不仅在浙江余姚的河姆渡出土了距今七千年的稻谷，近年又在浙江浦江的上山遗址发现了上万年前种植稻谷的遗迹，这可以称得上世界之最。谷物是农业生产的主要产品，水利是农业的根本命脉。作物的生长离不开水，但庄稼如果受淹就会窒息，更不能受海潮的侵害。

为防止洪涝与潮害的发生，我们的祖先在海岸线上建立了系统的抗潮与排洪工事。在千百年的治水实践中，祖先创造了种种水利设施，其中最实用有效的是以土石、竹木为原料构筑起来的堤塘与碶闸。利用这些设施，一可以保持正常的淡水储蓄，以供饮用与灌溉之需，并排除多余的积水；二可以抵御海潮的入侵，确保农作物的丰收。

堤塘，一般用土料堆成，或用石块护坡，以石料堆砌的最为牢固。

碶，是对沿海抵御海潮、排泄洪涝，在河、海交接处以石块垒砌的桥形建筑的专称。它有碶门，可以自由开闭，活动灵便，是沿海治水设施中的重要工程。当发生内涝时，就开放碶门，排洪入海；当海潮高涨时，可以关闭碶门，抵御海潮的侵入。

二、碶桥的构筑

北仑多山，多海涂，可耕面积并不充裕。而移民与日俱增，土地对人民的生活至关重要。为扩大耕地资源，历来的当政者对海疆涂地的开发与管理都很重视，鼓励百姓围塘筑碶，开垦涂地海滩。因为沿海的涂地所含泥分高，地方上有"一场潮汛（能积）一（个铜）钱（厚的）泥"的说法，淤积很快。一经围垦，只需数年的淡化，即可种植庄稼，见效甚快。

但北仑沿海常有风暴袭击，或会冲毁堤塘，海潮入灌，泛滥成灾。历史上关于风暴潮的记载屡见不鲜，常常对人民的生命财产、安全造成重大威胁。可见海疆地区修建牢固的海塘与碶闸之必要，因此历代都有重要的修建工程。

沿海庄稼田面临的最主要问题是海潮的袭击。民谚云："咸潮浸一浸，一年呒收成。"当潮位高涨时必须阻断河口，不让海水涌入，这就得在所在河口建碶，有些区域的田地由于江河干涸，水位过低，海潮会顺江内侵，也得建造堰碶拒潮。

碶桥都建在海塘线上的河道入口处，以石块垒砌，即在海塘连线的河底上，用石块铺砌出呈两面坡状的碶基，以隔开河海面的基本水位。再在碶基的两端各建一个高、宽与海塘相当的石质碶塘墩。在两岸碶塘墩柱的对应面上，各凿两道平行的垂直

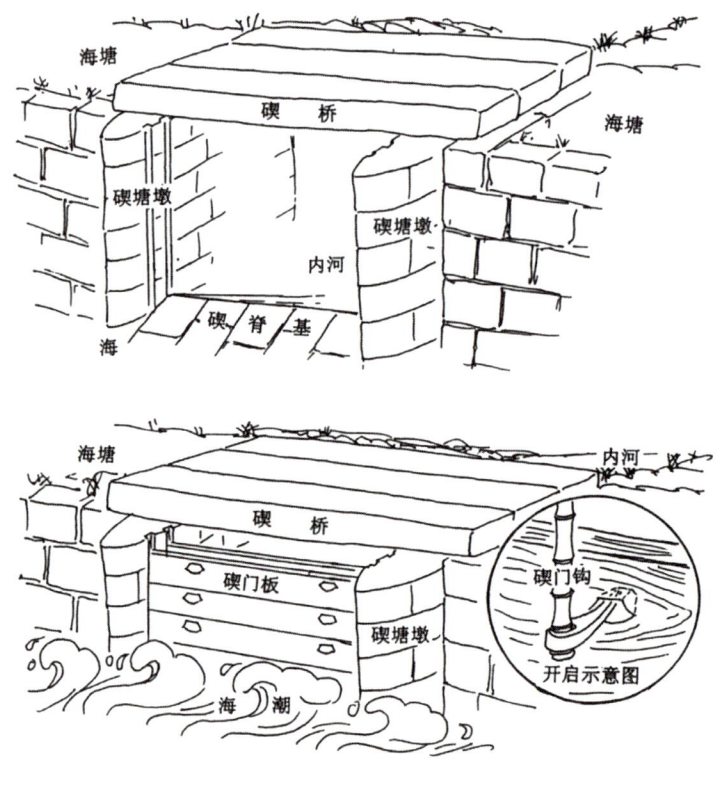

碶桥构筑示意图

凹槽，用以插入碶门板，便可以阻隔海潮与河水。碶门由多道横板叠置于凹槽内，可以灵活增减，以控制水位。为了加强密封度，常并置双道碶门板。

因为河道有宽窄之分，所以碶桥有长短之别。但碶门（石）板的长度有限，窄的单门还可，宽的则要分成多门。地方上称碶门为"眼"，因此有"一眼""两眼"与"多眼"的称谓，多的达十数眼。河道越宽，所受海潮冲击面越大，碶门墩越要雄健结实，以挡海洋潮汛强大的冲击。

为加强碶塘墩柱块石间的凝聚力，往往在块石间配有桐油石灰与糯米饭等黏合剂，地方称之为"三合土"。主要石料间有束腰铁钉或弯钩钉勾连，增进碶塘墩柱的稳定性。最后在碶塘墩柱上铺置长石梁，作为桥面。这样，既加强了碶塘墩柱的牢固性，又可供人行车往，一座具有多种功能的碶桥就建成了。

碶桥要挡住茫茫的海洋大潮，它与普通桥梁的差别就在一排重叠式碶门，没有碶门，它只是一道普普通通的过桥；有了碶门，它"一板当关，万潮莫敌"，就有了"铜墙铁壁"的威严！这犹如一把小锁能管住一道巨门，它巧而精。因此碶门有"牵一发而动千钧"的神功！

所以碶桥在设计、选料、营造上远比普通桥梁精密细致、坚固灵巧，有"水利锁钥"之称。

三、北仑碶桥的历史成因

内陆的河流奔向大海，会带去大量泥沙。当流至海口时，豁然开阔，水流剧缓，泥沙即沉于海岸，所以沿海涂地都会淤涨。年长月久，海涂即涨成了滩地。

北仑素有"唐涂宋滩"之说。据《灵峰山志》载，由于灵峰寺有葛洪道士采药炼丹，救民于瘟疫，医效灵验，名闻京师，唐穆宗时，朝廷遣使召灵峰寺僧怀益、无业去京城，无业笑答："吾居海岛，何德上闻，而倾动人主若是。"而在唐代还称"海岛"（或半岛）的灵峰山，今天已去海岸约七公里之遥，这可以说明沿海成陆的事实。

自唐以来的一千多年间，北仑经多次围垦，已得良田千万顷，这也是海疆特有的地貌变化，形成了独特的海疆文化。海塘是坚强的大地卫士，碶桥则是特殊的岗哨，它们在人类治理海滩的运动中功不可没！

据不完全调查，"碶"的名称在浙东地区流行颇广。西起宁波市的奉化，经鄞州，至镇海、北仑，东抵舟山群岛；北启慈溪，南向象山、宁海蔓延，茫茫数千平方千米。它是人类开发海疆的重要历史遗存与特殊的水利文化沉淀。

然而像"碶"这样劳苦功高的水利"功臣"，却名不见经传。长期以来，人们在国家重要的文字典籍中竟找不到它的名字。如成书于清代康熙盛世，发行广泛，堪称封建时代文字大全的《康熙字典》，它收载了众多生冷怪僻的字眼，却没收"碶"字；始编于光绪三十四年（1908）的《辞源》，也未收"碶"条；又，号称旧中国收字最多，影响深远，成书于中华民国四年（1915）的《中华大字典》也不录"碶"字。如果说是封建社会的旧文人不重视农耕水利,那么我国现行的文辞权威典籍《辞海》,在 1999 年前的版本中,也未收录"碶"字。这真让人费解,难道说"碶"真是根底浅薄,初出茅庐的新生事物,或是可以被历史文献忽略不计的无名之辈?请看事实。

四、碶在史志中的记载

碶桥在宁波地区流行很广,凡在海边的河道口都可见到,而且历史悠久。翻开史志材料,"碶"屡见不鲜,如民国《镇海县志·光绪志县境图》中,在镇海县城东的浃江处就有"义成碶"标注,字迹清晰可辨。《镇海县志·水利》卷载有"清雍正十三年里人顾庚扬建"的永镇碶、"乾隆四十一年里人贺士敕"等捐建的永丰碶、"光绪五年里人陈璞斋"等人重修的贝家碶等,不胜枚举。我们再顺藤摸瓜,看看它的发展渊源。

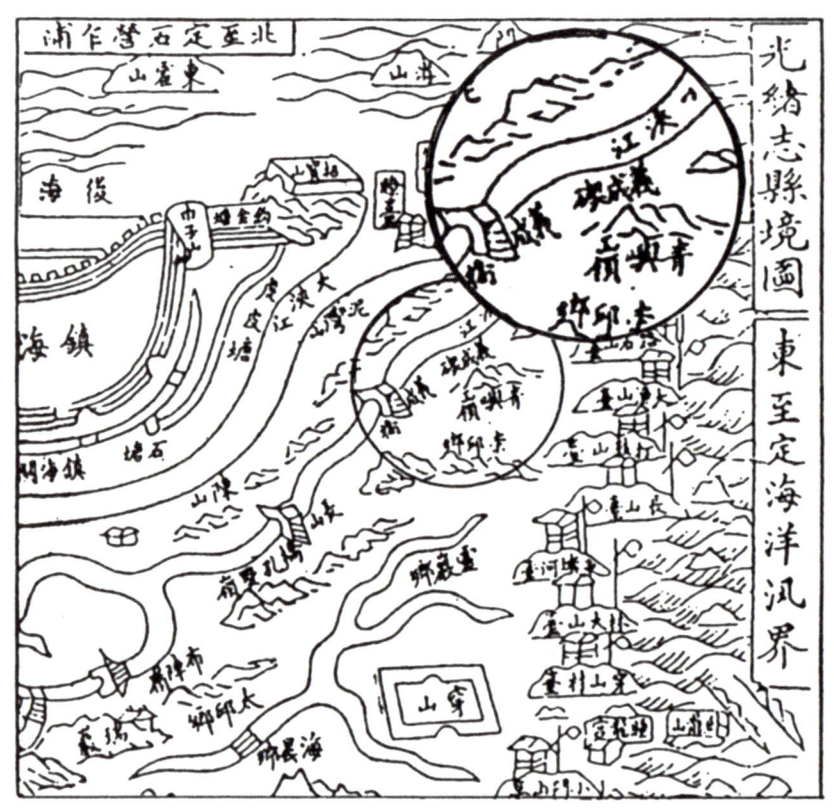

义成碶位置图

1. 明代碶事记

北仑区域内原有金公塘,《镇海县志》记其位置,自"毕家碶起,历石方碶、八凤洋至五龙汊止,嘉靖间邑令金九成增葺"。这里有塘也有碶。

《镇海县志》又载有著名藏书楼天一阁主人范钦[1]撰写的《长山碶记》，云："吾浙东滨涨海，钩连列郡，形势奔会，是惟宁波为雄居。……江以南灵岩、泰邱二乡，实当水冲，土故沉泻，占田可十数万亩。氓庶错处，力作资赡。旧设海堤四十余里，名曰'千丈塘'。中列碶五：曰长山大碶，曰小山碶，曰杨家碶，曰贝家碶，曰通山碶。"这五座碶闸都在北仑区域内。

由此可见，北仑沿海历来有围塘筑碶的习惯，"碶"事记载频繁。以"旧设海堤""碶"而论，可以追溯到前代。

2. 元代修碶闸记录

据《浙江古今地名词典》载，奉化有"资国碶"，在奉化大桥镇东南。引《方舆纪要》卷九二："元至治元年知州马称德以旧堰卑隘，拓地浚之，仍置碶闸，以便蓄泄，溉田三万八千余亩。"资国碶原为奉化的重要碶桥。

3. 宋代碶事录

宋代碶事记载颇详。宋宝庆《四明志·定海卷》记有碶事多处。宋时的定海县即原镇海县，其《宝庆志县境图》中"石湫浦"旁标有"小树碶""乌金碶"与"槎浦碶"数处。石湫在今北仑大碶镇南数里处，宋时为滨海浦滩。图左下方还有"穿山碶"，在今北仑柴桥镇东北。

据记载，乌金碶为古碶，建筑年代无考。穿山碶则由"北宋（庆历年间鄞县令）王安石率吏民凿山筑堤，捍浦为河，于堤西石岩凿三窍为碶，由此得名"。

王安石（1021~1086），北宋政治家、文学家，抚州临川（今江西临川）人，庆历进士。初知鄞县，兴修水利，贷谷与民，出息还官，有治绩。庆历七年，王安石才二十六岁，已表现出勤政爱民的高度热忱，亲赴海乡，治理海患，展现了他济世经邦的才能，在北仑沿海修堤筑碶，留下了永远的丰碑——荆公堤、穿山碶等遗迹。当时王安石曾到鄞东石湫（今北仑大碶）视察，作有《浮石湫之壑以望海》：

> 蜿蜒水沟穿芦丛，茫茫海滩涉潮涌。
> 天怒水狂生灵忧，嘱民浚渠筑堤垅。

事见《王荆公文集·鄞县经游记》（当时北仑属于鄞县）："庆历七年十一月丁丑，余自县出，属民使浚渠川，至万灵乡之左界，宿慈福院。戊寅，升鸡山，观碶工凿石，遂入育王山，宿广利寺，雨，不克东。辛巳，下灵岩，浮石湫之壑以望海，而谋作斗门于海滨，宿灵岩之旌教院。癸未，至芦江，临决渠之口，转以入于瑞岩之开善院，遂宿。甲申，游天童山，宿景德寺。"[2]

王安石此行历时十余天，风餐露宿，奔走在海乡山地间，兴建水利工程。这里的

---

[1] 范钦（1506~1585），字尧卿，号东明，明鄞县人，明嘉靖进士，官至兵部右侍郎。平生酷爱藏书，嘉靖四十年至四十五年于月湖西地建"天一阁"书楼，聚书七万余卷，被誉为"浙东藏书第一家"。
[2] [宋]王安石撰，李之亮笺注：《王荆公文集笺注·第四十六记》，四川出版集团巴蜀书社，2005年。

"碶"字也是目前文献中之最早者。

实际上宋代社会已知碶为何物。如在京城(开封)编校史馆书籍的"唐宋八大家"之一的曾巩已了解碶的运作。他在《广德湖记》中说:"鄞人累石埋水,阙其间而启以木,视水之小大而闭纵之,谓之碶。"[1]宋代文豪苏轼在《录进单锷吴中水利书》中说:"次置常州运河一十四处之斗门、石碶、堤防,管水入江。"[2]说明苏轼也知道碶。这大大地拓宽了碶的流行范围,运用于节制内河落差与抗潮。

由此可知宋代的江浙沿海都有碶闸流行,应用于近海地区内河的御咸工事。

穿山碶位置图

上:穿山碶;下:备碶

4. 五代建碶记录

据陈玉闪主编,由杭州大学出版社于1994年出版的《镇海县水利志·概述》记载,镇海"五代置县后,为了巩固城池,抵制海潮入侵,排除内涝,在招宝山下东门浦建王家碶,称第一山浦"。前代还有建碶事例。

5. 唐代有碶闸

查《浙江古今地名词典》,宁波象山县林海乡政府驻地有"大碶头","地有唐建碶闸,名朝宗碶,俗名大碶,由此得名"。民国《象山县志》"水利"条亦载《朝宗碶记》,云:"自唐以来为碶四:朝宗、理川、灵长、会源。而朝宗尤为诸汇之要。"

全国重点文物保护单位它山堰,位于鄞州它山与庙山之间,章溪与鄞江连接处

---

[1] 罗竹风主编:《汉语大词典》,汉语大词典出版社,1991年。
[2] 汉语大字典编辑委员会编:《汉语大字典》,湖北辞书出版社、四川辞书出版社,1992年。

的鄞江镇,是我国古代伟大的水利工程。它由唐代鄮县令——著名的水利专家王元㬙于大和七年(833)所创建。堰体全用长2~3米,宽0.5~1.4米,厚0.2~0.35米的条石砌成,左右各有石阶36级。堰身为木石结构。它截鄞江之水,引上游淡水入内渠(南塘河)灌溉农田,并在内河与外江之间分筑乌金、积渎、行春三碶,使江河分开。因为江水通海,时有咸潮涌入,必须以碶分隔,还能在涝时使章溪水七分外排,三分入灌;旱时七分入灌,三分外排。整个工程能起到阻咸、蓄淡、引水、泄洪等多种功能,使鄞西平原24万亩农田受益,又可引水自南门入明州(宁波)城,蓄于日、月二湖,供居民饮用。

它山堰工程规划周详,结构奇特,建造精密,自兴建至今已有1185年,主体保存完好,至今还在运作。

在此,我们看到了唐代碶桥沿用至今的实例。碶闸的历史还可向前追溯。

6. 南朝碶事记

据《浙江通史·秦汉六朝卷》第九章《六朝水利兴修、土地开垦与豪门世族庄园》篇载:"今奉化市境内,南朝宋元嘉年间……县令谢凤主持建方胜碶(今广平渠上),阻叶家溪、西锦溪诸水,涝时泄水入县溪,旱时蓄水灌西圃、洪村农田3000余亩。"[1]它又把碶桥的历史推进了400年。

至此,建造碶桥的历史已近十六个世纪。可以说它的历史还可以再向前追溯,即自人类开发海疆始,就有塘碶的出现。

五、碶的文化内涵

千百年来,迎风斗潮地矗立在东海前哨的碶桥,它的命名,历来受到人们的关注,自然包涵了丰富多彩的内容,有地理方位、人文掌故、农耕文化、水文、力学与宗教意味等浓厚的文化沉淀。

(1)碶桥的名称,一般以所在地命名的居多。如钟家湾碶、茅洋碶、毛礁碶、天打岩碶、倒跳浦碶等。可以看出它们一般建造在山麓、海滨、河湾等海疆前哨、水陆冲要地段,或迎洋搏击,或依山固守,或面浦保宅。也有以某一地方参照物为标记的,如镇东碶、西直排涝碶、阜丰北碶等。

(2)有以山河涂浦定名的。如燕山碶、金川碶、石湫碶、大涂碶等,颇有众山巍峨、涂浦连绵之感,也有江河通贯、湫壑点缀的山水画的意味。

(3)有以人物姓氏定名的。如周公碶、吕监碶、秀才碶、马婆碶等,这里有历代先贤为海疆建设出资捐献的丰碑,也有贫民、善士开拓海疆的努力。更多的是当地百姓修建的碶,如王家碶、沈家碶、杨家碶、贝家碶等,它们是劳动人民创造历史的最好注脚。

---

[1] 金普森等主编,王志邦著:《浙江通史·秦汉六朝卷》,浙江人民出版社,2005年,第367页。

（4）有以当地特定风物命名的。如樟木碶、金碶碶、磨头碶、花船碶、鹊巢碶、大马碶、里鼠碶、长腰剑碶等。以天上飞的，地下爬的，水中游的，土中长的，日常生活中生动鲜活的事物来称呼碶，给生硬僵死的建筑物增添了生动活力与生活情趣。

（5）有以碶桥的长短或碶门的多少定名的。碶桥有长短之分，碶门有多少之别。百丈碶，形容碶桥之长；碶门，亦称"眼"，普通的有一眼碶，多的有礁碶三眼碶、道头里五眼碶、三山十眼碶等。碶旁造碶，海崖建碶，多眼长碶，严阵以待彰显拒潮气概。

（6）有以建碶先后及内外位置定名的。如海靖老碶、海靖新碶，青龙老碶、青龙新碶，厚墩老碶、厚墩新碶，里咸河碶、外咸河碶等。这里的新、老，里（内）、外所表达的是在同一地（河）段先后建造的碶。在碶桥外新围垦的堤塘上建的碶，由于地理方位及河系相同，沿用原来碶名，再冠以"新"或"外"字以区别。原来的老碶退役成了桥，老塘成了大路通衢，有的达两三重之多，这是海疆文化中特定的陆海沧桑变化的历史景观。有人被这种塘外建塘，碶外有碶的水乡泽国的风物所陶醉，称北仑有"东方威尼斯"风味。

（7）有富于农耕文化意味的碶名。如里岙留耕碶、留耕内腰碶、永丰碶、永稔碶、棉丰碶等。反映了北仑浓重的稻作文化气息，还有祈求五谷丰登的理念，"开辟海疆土，留予子孙耕"的先人情操跃然碶上。

（8）有祈愿海疆靖宁的碶名。如太和碶、太平碶、永安碶、海晏碶、海靖碶等，记述了为开拓海疆付出过代价的前人心愿。

（9）有崇尚节操，提倡道义、和谐的碶名。如养志碶、义成碶、协和碶等。

（10）有含宗教意味的碶名。如明慧寺碶、五台寺庄碶与和尚碶等。它们带有明显的释家名义，其中与佛教相关的命名，应该是虔诚的陀头们功德善举之果。在僻静的海乡建有寺庙宫观，它们既不占用耕地，又可兼顾碶堤的安全，为滨海的建设做出了贡献。

（11）还有一类文化含义幽雅的碶名。如乌金碶、积渎碶、行春碶等。乌金，金之坚贵者，言其坚固耐冲击也。积渎者，储蓄淡水以灌溉。《尔雅·释水》云："江、淮、河、济为四渎。"行春者，春水长流也，给人以"春来江水绿如蓝"的生命光色。这些名称充满诗情画意的碶，正产生于诗兴盛发的大唐年代。

六、"碶"字的由来

地方传说，古代宁波沿海有一位精明能干的鲁班弟子，名叫契。他出生在一个世代治理海堤的石姓人家，自幼学会了木石手艺。在长期治理潮患的水工生涯中，他发明了既能抗拒海潮入侵，又能排放洪涝的碶闸。更重要的是，碶桥使海疆地区的河流、海洋与陆地既互为邻居，又各不相犯，还可以互相通行与通航，和睦相处，产生"一石三鸟"的效果。石契为治理海疆立下了不朽的功勋。地方百姓将他的姓与名合起来，称呼这类建筑物为"碶"。

这道出了劳动人民在开发海疆中,以聪明智慧创造发明碶的道理。

究其缘由,"碶"者,"契"也。"契"的原意,用刀刻物,以达到所需的目的,衍生了契机、契合、默契、相契或投缘等含义。它能使不同的个体,或是矛盾的双方,在一种媒体的介入下,达到和平统一,互存互利,如契据、契约能使买卖双方的愿望实现。在海疆水利中,"契"使陆、河、海三者契合相处。

七、碶桥的功绩

同样作为水利工事,在四川平原上的都江堰早就名闻中外,不仅是旅游的著名胜迹,而且还被世界教科文组织列入世界文化遗产名录。而与西蜀相对的东浙水利工事碶桥,与都江堰的治水功能有异曲同工之妙,它们应该是治水一族的同胞手足。而且,海碶还集御咸(抗海潮)、蓄淡(保灌溉)、排涝(保丰收)的功用于一体,一碶多能,便于使用,性能优良,千百年来坚强、质朴地屹立在风雨交加、海涛呼啸的海疆前哨。由于河流泥沙的长期外移,宁波海岸慢慢东延,为祖国增添了数以千百万顷的良田沃野。长期以来,海碶默默无闻,无人问津,但它们还是那样忠诚厚朴,从不计较社会对它们的待遇,宽宏大量地忠于职守!

碶桥以坚毅的品质与勇敢的精神构筑了河、海与内陆的和谐,保障着海疆地区田地、人畜与财产的安全。碶桥是浙东水土的和平使者、保护神,是陆海沧桑的重要枢纽,使天时、地理与人类三者和谐相处。作为北仑人民的智慧结晶,它是珍贵的文化遗产!

后记

2014年10月16日，中国港口博物馆在宁波市北仑区春晓滨海新城正式落成开放，作为系统描摹北仑历史的通史性展览"海濡之地：北仑史迹陈列"同期向市民开放。近日这本《海濡之地：北仑史迹陈列图录》终于付梓，可视作对该陈列的阶段性总结。

"海濡之地：北仑史迹陈列"的相关工作启动于2012年7月。在中国港口博物馆筹建办的牵头领导下，由原北仑博物馆的几位同志负责具体实施。冯毅主持展览策划；毕显忠负责大纲的统稿工作；王昌海、陈卫立、毕显忠、刘玉婷、赵锡共同负责大纲的编写工作；陈卫立、王振彪、庞建君、李朱佳等负责展品和资料的收集与整理；吴凤、王文武等负责陈列的形式设计和布展工作。对以上诸位的努力，在此一并致谢。

《海濡之地：北仑史迹陈列图录》由冯毅负责整体策划和全文统稿；毕显忠、刘玉婷负责协调图片和文稿及编辑出版工作；王昌海、陈卫立、陈一鸣、庄袁俊琦负责文稿校对工作；李永歌、吴蔚等负责相关资料的收集整理工作；图录照片由范玉、邬晶辉等拍摄。

自2012年启动至2014年建成，到2019年开放五年，诸多领导、专家和同行对于此陈列的建设运营与本图录的出版给予了许多的关注和关心。时任北仑区委常委、宣传部部长杨劲，时任北仑区人民政府副区长陆亚芬，时任北仑区委宣传部副部长、中国港口博物馆筹建办主任楼宏斌，北仑区文化广电新闻出版局原局长陈胜蛟、曹敏杰，原副局长乐静毅、李海达等领导都对展览的顺利开放和完善提升给予了大力支持；北仑区委常委、宣传部部长龚国文，北仑区人民政府副区长孙秀芳，宁波市文物考古研究所所长王结华，北仑区文化和广电旅游体育局局长蔡建萍、副局长周晓春与尹宝伟等领导对此项工作给予了重要的帮助；宁波出版社编辑徐飞、张利萍等人为本图录的出版付出了辛勤的劳动。值此书稿付梓之际，谨向他们致以衷心的谢忱。

因编者水平所限，图录编著过程中出现的疏漏与错误在所难免，请各位读者见谅并指正。

编　者

2019年4月

图书在版编目（CIP）数据

海濡之地：北仑史迹陈列图录 / 中国港口博物馆编著 . —宁波：宁波出版社，2019.5
ISBN 978-7-5526-3283-5

Ⅰ . ①海… Ⅱ . ①中… Ⅲ . ①文史资料—宁波—图录 Ⅳ . ① K295.54-64

中国版本图书馆 CIP 数据核字（2018）第 174959 号

海濡之地：北仑史迹陈列图录
Hai Ru Zhi Di : Beilun Shiji Chenlie Tulu
中国港口博物馆　编著

出版发行	宁波出版社
地　　址	宁波市甬江大道 1 号宁波书城 8 号楼 6 楼
邮　　编	315040
联系电话	0574-87259609
网　　址	http://www.nbcbs.com
责任编辑	张利萍
责任校对	叶呈圆　李　强
装帧设计	马　力
印　　刷	宁波白云印刷有限公司
开　　本	889 毫米 ×1194 毫米　1 / 16
印　　张	10
字　　数	160 千
版　　次	2019 年 5 月第 1 版
印　　次	2019 年 5 月第 1 次印刷
标准书号	ISBN 978-7-5526-3283-5
定　　价	220.00 元

本书若有倒装缺页影响阅读，请与出版社联系调换，电话：0574-87248279